AF395193

MARTINEUM
ENTFALTE DICH

Die bedingungslose Liebe Gottes
ist dein goldener Schlüssel
für deine HERZÖFFNUNG!

Geliebt. Geborgen. Getragen.

Martina von Martineum

HERZENSTÜRÖFFNERIN

Durch Herzöffnung und Selbstliebe die wahre Berufung,
wahre Liebe und das wahre Selbst entfalten

Dieses Buch gehört:

© 2024 Martina von MARTINEUM
Auflage 1
Autorin: Martina von MARTINEUM
Bildrechte & Lizenzen: Martina von Martineum
Cover-Design: Martina von Martineum
Herstellung und Verlag: BoD – Books on Demand, Norderstedt
ISBN 9783759752345
Lektorat: Jessica Krug

Inhaltsverzeichnis

Über die Autorin

Bereits seit ihrer Jugend beschäftigt sich Martina von MARTINEUM mit den umfangreichen Zusammenhängen von Körper, Geist und Seele und den Synergien zwischen der Spiritualität, Psychologie, Philosophie, Naturheilkunde, Metaphysik und der christlichen Lehre von Jesus Christus. Im Laufe der Jahre ließen sie die verschiedenen Puzzleteile das große Ganze immer tiefer und umfangreicher verstehen und offenbarten ihr das Potenzial zur Herzöffnung, wahren Selbstliebe, wahren Selbst, wahren Berufung, wahren Liebe, zur Selbstheilung und der innewohnenden Göttlichkeit immer tiefgreifender.

Da sie bereits in jungen Jahren den Weg des Herzens beschritten hat und stets mit Gott verbunden war, begegnete sie „zur rechten Zeit am rechten Ort" immer wieder jenen Menschen, welche sie tief im Herzen berührten und wodurch ein kontinuierlicher Wachstumsprozess aktiviert wurde, welcher sie ins Erwachen führte und wodurch sich das eigene Potenzial immer mehr entfalten konnte.

Je weiter sie sich für ihre wahre Berufung öffnete, desto mehr erkannte sie, dass es ihre Aufgabe sei, die Herzenstüren ihrer Mitmenschen zu öffnen. Genau für das große Transformations-Potenzial dieser Zeit, wurde sie viele Jahre vorbereitet, um jetzt noch mehr Menschen, für die Aktivierung ihres Potenzials, die Hand reichen zu können.
Auf Grund jahrelanger Forschungen im Bereich Herzöffnung, Selbstliebe und Selbstheilung, dem Wissen um die wahre Berufung, das wahre Selbst und die wahre Liebe und dem Bewusstsein für ihre Mission auf Erden, wurde sie zur Begründerin der „MARTINEUM-METHODE"!

„MARTINEUM" ist ein Konzept und eine Methode zugleich, welche Menschen unterstützt, sich das Potenzial der neuen Unternehmens – und Liebeskultur zu erschließen. Den berufenen Frauen stehen viele

Möglichkeiten für ihre Potenzialentfaltung zur Verfügung, wo sie im Anschluss im Verein Engel der Herzen aktiv werden können und sich ein berufliches Standbein aufbauen können.
Ein weiterer Bereich von MARTINEUM ist die Wohlfühloase für Potenzialentfaltung, welche die Menschen selbständig und unabhängig nützen können. Hier gibt es verschiedene Entspannungs – und Relaxmöglichkeiten in Kombination mit dem Youtube-Kanal für die Reise zur Herzöffnung und Selbstliebe.

Als Herzenstüröffnerin möchte sie die Menschen ermutigen und inspirieren, die „Zeichen der Zeit" zu erkennen und diese im hier und jetzt auf Erden sinnvoll zu nützen, damit sich unsere Gesellschaft als Ganzes dadurch nachhaltig weiter entwickeln kann. Denn viele herkömmliche Berufe sind gerade dabei, massiv wegzubrechen, da etwas Neues geboren werden möchte. Der Schlüssel dazu sind Herzöffnung und Selbstliebe.

Erst dadurch kann der Mensch die Reise zu sich selbst antreten, seine wahre Berufung erkennen und die ganzheitliche Fülle in seinem Leben aktivieren!

Im dazugehörigen Youtube-Kanal „MARTINEUM – by Herzenstüröffnerin" in der Playlist - „MARTINEUM – Wohlfühloase für Potenzialentfaltung" stellt sie in Kombination zu diesem Buch kostenlos umfangreiches zusätzliches Videomaterial zu den angeführten Themen zur Verfügung.

Danksagung

Ich bedanke mich bei der göttlichen Führung, welche mich in all den bewegten Jahren meines Lebens weise geführt und geleitet hat.
Mögen die Schätze von MARTINEUM allen Menschen für ihre nachhaltige Transformation in Beruf und Liebe zur Verfügung stehen.

Ich danke meinen Seelenpartnern, welche mich die Lektion der bedingungslosen Liebe gelehrt haben, wodurch ich heute an dem geistig-seelischen Reifegrad in meinem Leben ankommen konnte und das Mysterium der Körper-Geist-Seele Einheit umfangreich tiefer gehend verstehen und integrieren konnte.

Ich bedanke mich bei allen Herzensfreunden und spirituellen BegleiterInnen, die meinen Lebensweg gekreuzt und mich ebenfalls in meinem Wachstum und meiner Potenzialentfaltung unterstützt haben.

Danke an meinen Seelenpartner Joshua, der mich zu Beginn der „C-Zeit" intensiv begleitet hat. Durch ihn konnte ich noch unbewusste verdrängte "Verpanzerungen" in mir schmelzen lassen, mein Herz durfte weiter heilen und die wahre Selbstliebe ganzheitlicher integriert werden, damit tiefer liegende Zusammenhänge und das Potenzial des wahren Selbst stärker in mir spürbar werden konnten.

Danke für den tiefen Blick in die Seele und dein Spüren, wie es um die wahre Berufung im Menschen bestellt ist. Dadurch konnte ich noch tiefer in das Mysterium der menschlichen Seele, der Psyche und jeglicher damit einhergehender Zusammenhänge eintauchen und verstehen, wie Selbstliebe, Selbstwert, Herzöffnung, die wahre Berufung, wahre Liebe und das wahre Selbst miteinander in Resonanz stehen.

Danke unseren Ahnen, die mutig und beherzt auf Erden ihr Potenzial entfaltet haben, für ihre Ermutigung, Inspiration, Stärke, Souveränität und Liebe!

Danke an alle himmlischen Mächte, Kräfte und Naturwesen der Erde, die uns auf der Erdenreise begleiten und uns zur Seite stehen!

Mögen alle Wesen in Einklang mit ihrer Seele ihr Potenzial in dieser Zeit optimal entfalten, den tieferen Sinn ihres Lebens erkennen, weswegen sie hierher gekommen sind und ihre ganzheitliche Fülle zur höchsten Blüte bringen!
So sei es und so ist es. DANKE. AMEN!

Vorwort

Zwei zentrale Fragen, die mich meine Klienten immer wieder fragen, sind:Warum sind wir hier und was ist der tiefere Sinn hier auf der Erde?

Warum erlebe und erfahre ich durch meine Ursprungsfamilie oder meinen Partner einen Mangel an Liebe, obwohl ich mir Liebe und Geborgenheit wünsche? Warum spiegelt mir mein Partner die Schatten der Liebe?

So spreche ich in regelmäßigen Abständen über die tieferliegenden Zusammenhänge der Anbindung an die Liebe. Als wir mutigen Seelen damals beschlossen, uns von der allumfassenden Liebe abzutrennen, um Erfahrungen in der Abtrennung zur göttlichen Quelle mit den Schatten der Liebe zu machen.

Auf der Erde angekommen, vergaßen wir den tieferen Sinn und jegliche Zusammenhänge, wodurch sich viele durch die erlebten Schattenerfahrungen in tiefer Trauer und vielfach verdrängten Schmerz und Widerstand für viele Inkarnationen befanden.

So ist die Erde mitunter auch ein Ort der Dunkelheit, wo wir eingeladen sind, im Zuge der Herzöffnung, Selbstliebe und wahren Berufung wieder Licht ins Dunkel zu bringen und die Reise zur Selbstheilung anzutreten. Erst so ist es uns möglich, dass wir nicht mehr krampfhaft und chronisch angepasst leben „müssen", sondern das Leben im Einklang mit dem Seelenplan und der göttlichen Führung ausrichten können. Ein Leben gestalten können, welches nicht ausschließlich im Aussen gelebt wird, sondern wo im Einklang mit der Seele das eigene Potenzial immer weiter entfaltet wird, zum Wohle des Ganzen!

Mehrmals habe ich in meinem Leben versucht, meine wahre Berufung „los zu werden" und vor meiner Aufgabe zu „flüchten".

Zum einen übte ich eine geraume Zeit nochmal meinen ursprünglichen Beruf der Floristin aus und zum anderen hätte ich sehr gerne mit meinem damaligen Partner eine Familie gegründet, damit aus der damals kleinen Musikgruppe, eine größere „Familienmusik" entstehen hätte können. Denn die Musik hat die Kraft, die Menschen mitten im Herzen zu berühren. Doch meine Aufgabe war es, immer wieder meine eigenen Vorstellungen vom Leben (mein Ego) loszulassen und mich der göttlichen Führung bedingungslos anzuvertrauen. Im Lauf der weiteren Jahre erhielt ich viele Eingebungen, Erkenntnisse und Botschaften und durfte somit schrittweise ein eigenes therapeutisches Konzept entwickeln, welches nun den Berufenen zur Verfügung steht. Ich darf diese nun an die Hand nehmen und sie ebenfalls auf dieser Reise zu ihrer wahren Berufung und ihrem ganzheitlichen Potential begleiten.

Denn in dieser bewegten Zeit des Wandels dürfen sich die Berufenen zeigen und immer mehr ihr Licht leuchten lassen, damit jene Menschen auch den Weg ins Licht finden, welche sich im Labyrinth der Dunkelheit verirrt haben.

Umfangreichen kostenlosen Content findest du:

Youtube-Kanal: MARTINEUM by Herzenstüröffnerin

https://www.youtube.com/@martineum888

Klicke auf die Playlist: MARTINEUM - Wohlfühloase

Selbstliebe – Was ist das und was hindert uns daran, sie zu fühlen

Die meisten Menschen sind derart in ihrem Verstand gefangen, dass sie keinen Zugang zur Liebe, erst recht nicht zur Selbstliebe haben. Selbstliebe ist also keine Selbstverständlichkeit, sondern geht mit der Entwicklung unserer Herzöffnung einher, welche bei vielen Menschen oftmals in einer Lebenskrise oder einer einschneidenden Lebenserfahrung zum Leben erweckt wird.

Vor allem Frauen sind oftmals "mit der inneren Software" aufgewachsen, alles zu geben und sich für die Familie aufzuopfern. Bei Männern ist mitunter auch die egoistische Form der Selbstliebe wahrzunehmen, welche sich ebenfalls destruktiv auswirkt.

Ich selbst machte in einer Seelenpartnerschaft die Erfahrung, dass ich mich im alten Rollenbild der Frau wiederfand. Die Beendigung dieser Partnerschaft betrachtete ich damals als wichtiges Zeichen, um diese Thematik in mir in die göttliche Ordnung zu bringen.
Ein Glaubensmuster hinter dem alten Rollenbild in unserer Gesellschaft lautet beispielsweise: "Du musst alles geben, um geliebt zu werden." Viele weitere Glaubensmuster, mangelnder Selbstwert und fehlendes Selbstbewusstsein stehen der gesunden Selbstliebe im Weg.

Diese Strukturen können bei Frauen und Männer gleichermaßen vorhanden sein.
Wenn Kindheitserfahrungen nicht aufgearbeitet werden, agieren Menschen verstärkt im Außen und machen von der Außenwelt abhängig, ob sie sich geliebt und anerkannt fühlen.

Doch wie Jesus sagte: "Liebe deinen Nächsten wie dich selbst", so darf
dieses Verhaltensmuster bei vielen Menschen in unserer Gesellschaft in eine
neue Balance gebracht werden.

Denn wie bei vielen anderen Verhaltensmustern auch, ist das Gefühl der
Selbstliebe in eine gravierende Schieflage geraten.
Der Mensch benötigt für die Entfaltung der wahren Selbstliebe oft eine
persönliche Lebenskrise.
Die "Herausforderungen des Lebens" kommen in unser Leben, damit wir
hinterfragen und das in uns angelegte Potenzial weiter entfalten.

In der Schule des Lebens, die wir hier auf Erden durchwandern, dürfen viele
Lernschritte gegangen und umgesetzt werden:

Bedingungslos zu lieben lernen = Weg zur wahren Liebe
Den Weg zu unserem wahren Selbst finden
Die Reise zur Selbstheilung antreten und umsetzen
Unsere wahre Berufung entdecken und zu erkennen, wer wir in Gott
wahrhaftig sind, damit wir zur rechten Zeit am rechten Ort sind und dadurch
der Wahren Liebe im Außen begegnen.
Die emotionale und spirituelle Reife für die wahre Liebe erlangen und vieles
mehr …

Somit ist es wesentlich, dass wir nicht mehr dienliche Strukturen reflektieren,
loslassen und uns für neue Bewusstseinsebenen öffnen. Denn in unserer
Entwicklung zur geistig-seelischen Reife baut jeder Schritt, den wir gehen,
auf den nächsten auf!

Alles ist mit allem verbunden. Für die mutige Seele warten viele Geschenke,
wenn sie sich mutig auf die Heldenreise begibt.

Die wahre Selbstliebe erreichen wir, wenn unsere tiefsten Schatten ans Licht gelangen. So wird im Zuge der "Umkehr zu uns selbst" unser wahres Selbst lebendig und es öffnet sich das Geschenk unserer wahren Berufung.
Das führt uns schrittweise zu unserer wahren Größe, Schönheit und Schöpfermacht. Es ist wesentlich, dass wir uns in die fünfte Dimension erheben und die Angst-Matrix endgültig hinter uns lassen können.

Auf unserer Reise zur wahren Selbstliebe vereinen wir unsere männlichen und weiblichen Aspekte in uns.
Das schafft die Voraussetzung, dass wir die Liebe, die wir in Wirklichkeit sind, in uns spüren können.
Die Vereinigung jeglicher Polaritäten in uns erzeugt eine Ganzheit in uns, die Liebe in ihrer Essenz ist.
Diese Fülle an Liebe in uns selbst zum Leben zu erwecken, ist die Basis für glückliche Partnerschaften und erzeugt eine konstant hohe Schwingung in uns.

Du hast automatisch Resonanz zu einem Seelenpartner, der eine ähnlich hohe Liebesschwingung in sich trägt.
Das Resonanzgesetz "gleiches zieht gleiches" an, wird so zur spürbaren Realität.

Die hohe Schwingung der Liebe ist ein Zeichen, dass wir in der Selbstheilung angekommen sind, unser Lichtkörper aktiviert wurde und sich nun frei entfalten kann.

Wenn wir das Mysterium des Lichtkörpers in uns erforschen, wird uns die Verbindung zum Sonnensystem und zur Galaxie bewusst.
Wir sind in der göttlichen Einheit angekommen und können die All-Verbundenheit spüren, jegliche Trennung ist aufgehoben.

Wundervolle Seele, die Frage an DICH auf der Reise zur wahren Selbstliebe lautet nun:

Liebst du Gott in dir bedingungslos?

Impuls: Wie fühlt sich dieser Satz für dich an?

Gott ist der Inbegriff der Einheit, die jede Seele im Laufe ihrer Entwicklung anstrebt.
Denn Trennung ist schmerzhaft – ein innewohnender natürlicher Drang möchte den Menschen wieder zur eigenen inneren Anbindung, zur ganzheitlichen Fülle, die unendliche Freude ist, führen.

Viele Menschen haben jedoch bewusst oder unbewusst Angst davor, eine stärkere Verbindung mit Gott einzugehen.
Die Angst vor Mangel und Entbehrung, das Leben nicht mehr nach den eigenen Wünschen gestalten zu können, ist hinderlich und bremst sie in ihrer Entwicklung.

Vielleicht magst du in den kommenden Tagen die Frage in dir nachklingen lassen.

Liebst du Gott in dir bedingungslos?

Um zu spüren, wie offen du für die unendliche Liebe Gottes bist und wie stark dein innerer Widerstand ist.

Lass uns danach weiter voranschreiten.

Was gehört zur wahren Selbstliebe und was braucht es, um sie zu fühlen?

Viele Coaches lehren Selbstliebe auf einer rein mentalen Ebene mit diversen Affirmationen und neuen Glaubensmustern.

Doch wir Menschen sind fühlende Wesen, wir brauchen die Erfahrung des Spürens und der ganzheitlich-körperlichen Wahrnehmung, um dieses neue Gefühl in uns verankern und abspeichern zu können.
Die erste Voraussetzung, um den Weg zur wahren Selbstliebe antreten zu können, ist, dem Menschen die göttliche bedingungslose Liebe wieder zugänglich zu machen.

Erst wenn sich ein Mensch in Gott geliebt, geborgen und getragen fühlt, kann tiefe Entspannung stattfinden und erst dadurch wird die Möglichkeit geschaffen, jegliche "Schatten der Liebe", die viele Inkarnationen vorhanden waren, ans Licht zu bringen.

Wir Menschen haben viele Tausende Jahre in der Abtrennung von Gott, von der Quelle und von der Liebe gelebt. In dieser Inkarnation sind wir Menschen eingeladen, den Weg zur Liebe, zur Anbindung an Gott und zur Quelle anzutreten, um der Mensch zu werden, der "wir in Gott wahrhaftig sind". Nur so zeigt sich die eigene Einzigartigkeit, welche Gaben in uns selbst verborgen sind und wie wir unseren Brüdern und Schwestern optimal in der Zeit des Wandels dienen können.

Bewusste Seelen dürfen nun realisieren, dass die Zeit des Egoismus vorbei ist und die Qualität der Wir-Gemeinschaft zum Leben erweckt werden möchte.

Denn kein Mensch lebt für sich allein. Jeder Mensch trägt seinen Teil der Verantwortung, die eigenen, engen Grenzen nun loszulassen und seine Gaben in den Dienst des großen Ganzen zu stellen.

Mit dieser Haltung tritt ein Mensch in die Dimension der unendlichen Fülle ein, nach der sich seine Seele schon lange still und heimlich gesehnt hat, welcher er sich aber aus Angst vor Mangel bis jetzt noch nicht zu öffnen gewagt hat.

Mutter Erde hat in den vergangenen Jahren ihre Schwingung massiv erhöht und diverse Sonnenstürme haben sehr starke Energien auf der Erde verankert, wodurch es vielen Menschen nicht mehr möglich ist, ihre Schatten weiter zu verdrängen.
Zusätzlich haben viele Seelen einen Seelenvertrag mit einem Seelenpartner geschlossen, sich wechselseitig ihre verdrängten Schatten aufzuzeigen, damit Heilung und Weiterentwicklung geschehen kann.

Menschen werden in Partnerschaften und Dualseelen-Verbindungen zusammengeführt, wo diverse Traumata widergespiegelt werden. Tiefe Herzheilung und Herzöffnung kann geschehen und wahre Selbstliebe und das Potenzial im Menschen möchte hierbei zum Leben erweckt werden, damit jeder die unendliche Fülle an Liebe in sich selbst verankern kann.

Die unendliche Fülle der Liebe, die zwischen Seelenpartnern vorhanden ist, trägt auch einen wichtigen Teil dazu bei, die hohe Schwingung auf Mutter Erde mehr und mehr zu realisieren.

In Liebesbeziehungen und im vertrauten Kreis der Ursprungsfamilie wird meist der "Ur-Schmerz der Trennung" von der Liebe aufgezeigt, welcher in jedem Menschen ganz bewusst in die Transformation gelangen möchte. Das Ego ist dabei meist im massiven Widerstand, wenn es diese (schmerzhafte) Erfahrung macht und so fällt der Mensch in die Drama-Energie.

Für eine nachhaltige Veränderung ist es in dieser Situation wesentlich, jegliche Schatten wertneutral zu fühlen und die Reise zur bedingungslosen göttlichen Liebe (Reise vom Kopf ins Herz) anzutreten.

Es warten also im Zuge dieser Metamorphose viele Geschenke auf jene Menschen, welche sich der wahren Selbstliebe, ihres wahren Selbst und der Selbstheilung öffnen, um zur wahren Identität und der eigenen Göttlichkeit zu erwachen.

Im Laufe des Prozesses wird die bedingungslose Liebe in allen Zellen immer intensiver spürbar, wodurch dieser Zustand auf Körper-Geist-Seele Ebene und somit auf der zellulären Ebene besser verankert werden kann.

Das ist die Grundvoraussetzung, um die bedingungslose Selbstliebe im Herzen zu aktivieren und hinderliche Programme, die auf der Ebene des Verstandes ablaufen, loslassen zu können.

Unser Verstand hat viel zu lange dominiert.

Unser Verstand ist begrenzt und hindert viele Menschen erfolgreich daran, eine erfüllte Liebesbeziehung zu leben.
Im Innersten sehnt sich der Mensch jedoch nach tiefer Verschmelzung in einer Partnerschaft. Diese Sehnsucht ist ein wichtiger Motor, dass der Mensch zuerst in harmonischen Einklang mit der "göttlichen Quelle" gelangt, um dann die richtigen Schritte zu gehen, um in dieser göttlichen Einheit (wahre Liebe, wahres Selbst, wahre Berufung) auch ankommen zu können.

Auf dieser magischen Reise zur wahren Liebe wird der Diamant im Menschen optimal geschliffen, damit er in seiner reinen Pracht erstrahlen kann. Es ist ein Geschenk für die Ewigkeit, welches sich der Mensch auf dieser "Reise" gleichzeitig selbst macht. Im Laufe dieser Entwicklungsschritte, im Zuge der gelebten Berufung lernt der Mensch aus seiner Hingabe sein Leben danach auszurichten und zu gestalten.

Um die emotionale Ebene zum Leben erwecken zu können, sind sogenannte Fühl-Übungen hilfreich. In diesen Übungen können wir das Fühlen vielseitig trainieren und üben.

So schaffen wir schrittweise die optimalen Voraussetzungen, um die Schatten der Liebe und jegliche Mangelerfahrungen, beispielsweise es nicht wert zu sein, abgelehnt zu werden, nicht gut genug zu sein, nicht gesehen oder ignoriert zu werden, usw. auf der emotionalen Ebene wertfrei fühlen und spüren können.

Wenn wir erkennen, dass wir uns bewusst von Gott abgetrennt haben, um auf der Erde dieses Experiment des Getrennt-Seins von der Liebe zu erleben, kehrt ein wertfreies Annehmen der Gegebenheiten ein.
In vielen Inkarnationen hat unser Verstand die Vorherrschaft übernommen und wir haben uns dadurch in den Bewertungen von gut und schlecht, richtig und falsch verstrickt und dadurch den tieferen Sinn unseres Hierseins vergessen.

Ein Mensch, der den Ur-Schmerz des Getrennt-Seins von der Liebe im zwischenmenschlichen Bereich erfährt, ist daher eingeladen und aufgefordert, den Weg zur Liebe erneut anzutreten und für sich zu realisieren. Raus aus der Opferrolle und rein ins Schöpferbewusstsein.

Die Situation ist jene, dass viele Menschen den Ur-Schmerz der Trennung von der Liebe erfahren. Als Folge dessen verstricken sie sich in der negativen Bewertung und bleiben darin hängen, da sie ihren Blick auf der spirituellen und geistigen Ebene noch nicht über den Tellerrand gerichtet haben.

Der Archetyp des inneren Kindes im Menschen fühlt sich massiv verletzt, steht bockig in der Ecke und sagt sich fortwährend, dass alle anderen böse sind. Das ist der Inbegriff der "Opferrolle".

Jeder Schmerz ist die Einladung, genauer hinzuschauen, sich der persönlichen Verwandlung hinzugeben und darauf zu vertrauen, dass jeder Schmerz die Einladung ist, zu wachsen und zu reifen.
Viele Menschen verbringen daher ihr ganzes Leben im massiven Widerstand gegen ihre Schattenerfahrungen.

Doch in Wirklichkeit ist es so, dass unsere Seele alle Varianten von Schattenerfahrungen benötigt, um endgültig zur Liebe und zur göttlichen Quelle umkehren zu können und so das ganze Mysterium Leben in der Vielfalt verstehen zu können. Was es also noch benötigt, um den Weg zur Selbstliebe antreten zu können, ist, wie bereits angedeutet, ein spirituelles Verständnis der Zusammenhänge:

Woher komme ich?
Was ist der tiefere Sinn auf der Erde?
Wer und was bin ich wirklich?
Was soll das Ganze hier?
Warum erlebe ich das, was ich nicht will?

Viele Menschen haben über viele Inkarnationen hinweg eine bewusste oder unbewusste Ablehnung gegen Gott aufgebaut.
Sie wollen von Gott nichts wissen und fühlen teilweise Hass und massiven Widerstand gegen die göttliche Quelle.
Über viele Leben hindurch wurde das eigene Ego zum Gott erkoren, dadurch hat sich der Mensch tief in der Dunkelheit der Dualität verstrickt.

Auf der Reise zur wahren Selbstliebe darf das eigene Ego losgelassen werden. Erst so kann das göttliche Kind wahrhaftig in uns geboren werden und auch das väterliche und mütterliche Prinzip im Menschen in die Heilung gelangen.
Das ist die Voraussetzung, damit die heilige Familie im Menschen lebendig wird und der Ur-Schmerz der Trennung von Mutter Erde und Vater Himmel gänzlich aufgelöst wird.

Auf der Reise zur wahren Selbstliebe, Selbstheilung und Herzöffnung warten viele Geschenke auf die mutige Seele, welche sich auf ihre "Heldenreise" begibt.

Link zum Youtube-Kanal: https://www.youtube.com/@martineum888

Klicke auf die Playlist „Martineum Wohlfühloase":

„Warum die Herzöffnung Sinn macht"
https://www.youtube.com/watch?
v=bRiQdyy0K3Y&list=PLYQG9YgjXhLQU2bYsTMtoUlnnkE_7BlZY&index=4

„Dein Starter-Workshop HERZÖFFNUNG"

https://www.youtube.com/watch?v=ij4Jw90s-
RI&list=PLYQG9YgjXhLQU2bYsTMtoUlnnkE_7BlZY&index=6

„Bedingungslose Liebe Meditation"

https://www.youtube.com/watch?v=Jep-
_e6sztA&list=PLYQG9YgjXhLQU2bYsTMtoUlnnkE_7BlZY&index=25

Wundervolle Seele!

Die Wirklichkeit hinter dem Drama des Lebens ist,
dass du bedingungslos geliebt bist

Selbstliebe lernen, entwickeln und stärken

Wenn wir jegliche alte Verhaltensmuster loslassen und aufhören, wie zum Beispiel alles zu geben, um geliebt zu werden, um Aufmerksamkeit zu bekommen oder um gesehen zu werden, dann können wir die volle Verantwortung für unser eigenes Glück und Wohlbefinden übernehmen. Der Startschuss für die Selbstliebe ist damit gefallen. Viele weitere alte Verhaltensmuster, die uns im außen „gefangen" halten, blockieren den Weg zu uns selbst und somit zur Selbstliebe.

Manchmal geht dieser Prozess mit dem Loslassen eines geliebten Menschen einher. In solchen Phasen darfst du erkennen, wie es um deine eigenen Glaubensmuster bestellt ist und welche davon ebenfalls losgelassen werden dürfen.
Du kannst aufhören, die Liebe im Außen zu suchen oder einzufordern.
Wahre Liebe kannst du nur in dir selbst vollständig zum Leben erwecken.
Denn in der Dualität auf der Erde sind nach wie vor zuviele Menschen vorwiegend im Verstand verhaftet und wollen weiterhin die Erfahrung des Getrenntseins von der Liebe ausagieren.
Es ist nicht immer zwingend das Loslassen vom Partner erforderlich, doch manchmal ergibt es sich, als natürliche Folge einer gravierenden Veränderung, welche ein Mensch vornimmt.
Menschen, welche in der Kindheit keine bedingungslose Liebe erfahren oder schwere Traumata in den Tiefen ihrer Seele verdrängt haben, neigen dazu, sich an einen Partner zu klammern und ihr Leben gesellschaftlich möglichst angepasst auszurichten. Somit leben viele Menschen in einer Vermeidungsstrategie, um auf keinen Fall die Erfahrungen der Kindheit wieder erleben zu müssen. Dies führt in der Regel zu Frust und emotional stagnierenden Beziehungen.

Egal, ob frisch von einer Partnerschaft getrennt oder sich aus einer frustrierenden, langjährig stagnierenden Beziehung lösen zu wollen, beginnt alles mit dem sogenannten ersten Schritt in Richtung Selbstliebe.

Das Grundgefühl, welches zum Leben erweckt werden darf und die wesentlichen neuen Glaubenssätze für die Selbstliebe sind:

Ich bin es wert, geliebt zu werden!
Ich bin unendlich geliebt, so wie ich bin!
Ich bin geliebt, geborgen und getragen (von der Erdenmutter, vom himmlischen Vater und von der himmlischen Mutter)

Ich bin Liebe, die in jeder Zelle strömt!

Wenn diese Glaubenssätze nicht nur gesagt, sondern auch im Herzen gefühlt werden, da sie persönlich erfahren und dadurch in den Zellen integriert wurden, kann sich die Selbstliebe im Menschen schrittweise immer besser entfalten und weiter entwickeln.

So entstehen im Lauf des Prozesses weitere nährende Glaubenssätze:

Ich liebe, achte und respektiere mich und achte auf meine Bedürfnisse.
Ich sorge gut für mich und übernehme die volle Verantwortung für mein Glück.
Wenn ich ein JA fühle, sage ich JA. Wenn ich ein NEIN fühle, sage ich NEIN.
Ich treffe meine eigenen Entscheidungen und gehe den Weg des Herzens.
Denn unser fühlendes Herz ist mit der Seele verbunden und unsere Seele kennt den „Bauplan für dieses Leben", welche essentielle Erfahrungen, Lernschritte und Erkenntnisse wir in diesem Leben als „verkörperter Mensch" erreichen und verinnerlichen möchten.

Das bedeutet, jeder Mensch, der die Schatten der Liebe gespiegelt
bekommt, ist eingeladen, diese Schatten in sich selbst ans Licht zu bringen,
damit die Herzöffnung stattfinden und der Weg zur Selbstheilung geebnet
werden kann.

In der Praxis arbeite ich mit meinen Klienten nach dem Umsetzen der
verschiedenen Fühl-Übungen in der Form, dass sie von mir gehalten werden
und wir gemeinsam "Atmen und Tönen".
Nachdem die unbewussten Blockaden, bezogen auf den Mut zu fühlen, und
sonstige innere Widerstände, mit den Chakra Energie Karten aufgelöst
wurden, beginnt die Körperarbeit. Der Effekt des gemeinsamen "Atmen und
Tönen" ist, dass ganz intuitiv, ohne zu denken, die lange verdrängte
emotionale Energie von der Seele an die Oberfläche gelangt. Hierbei
geschieht ein befreiendes Loslassen, welches tief wirksam ist und das Herz-
Zentrum sanft öffnet.

Der Effekt lässt sich mit wenigen Worten auf den Punkt beschreiben: "Es ist
effektiv, wohltuend und lösungsorientiert!" Nach vielen Jahren
Praxiserfahrung mit meinen Klienten kann ich sagen, dass dies eine gute
Kombination (und gute Basis) für nachhaltige Transformation auf dem Weg
zur Herzöffnung, Selbstliebe und Selbstheilung ist.
Wenn ein Mensch gehalten wird, fühlt er das bedingungslose Angenommen
sein mit allem, was im Moment in ihm ist. Alles darf da sein, frei von
Bewertung und jede Emotion darf frei aus ihm heraus strömen,
beispielsweise Wut, Aggression, Trauer, Schmerz, Frust, Widerstand, Angst,
Ohnmacht, etc.

Wenn alles, was zu diesem Zeitpunkt möglich war, ins Fließen gebracht
wurde, wende ich eine weitere Form des Gehaltenwerdens an. Ich setze
mich hinter die Person, die nach dem ersten tiefen Loslassen bereits eine
innere Erleichterung in sich spürt. Dadurch kann sie sich noch tiefer fallen
lassen und das Gehalten werden auf eine andere Art und Weise erleben. Die
Person kann die Erfahrung "Geliebt, Geborgen und Getragen Sein" dadurch

noch intensiver spüren. Sie ist hierbei eingeladen, tiefer in den Bauch zu atmen, denn bei einer bewussten Bauchatmung gelangt der Klient in eine tiefere Entspannung.

Ich halte eine Hand auf dem Herz-Zentrum und/oder eine Hand auf dem Kopf, Bauch oder Schulter des Klienten. So können sich weitere Muskeln entspannen und der Mensch gelangt teilweise in einen schlafähnlichen Zustand, in dem eine tiefe seelische Regeneration stattfindet. Diese Körperarbeit wird durch die dafür komponierten Selbstliebe-Mantren, welche ebenfalls effektiv, wohltuend und lösungsorientiert sind, unterstützt.

Die Selbstliebe-Mantren bergen ein großes Potenzial auf dem Weg zur Heilung des inneren Kindes, zur Herzöffnung, Selbstheilung und Selbstliebe. Sie sind Selbstliebe-Affirmationen, welche den Klienten auf dem Weg zur Selbstliebe vielfältig unterstützen. Die sanften und wohltuenden Lieder haben eine Dauer von je circa 16 bis 18 Minuten. Hierdurch ist es leicht, darin

einzutauchen, sich besser zu entspannen und so das umfangreiche
Potenzial durch die sanfte Schwingung in sich aufzunehmen. Die Selbstliebe
Affirmationen können ihre Wirkung in den Zellen so am besten entfalten.

Folgende Selbstliebe-Mantren stehen dir zur Verfügung:

1. Mantra: Fühl dich geborgen und getragen
2. Mantra: Alles ist gut, schlaf ein mein Kind
3. Mantra: Ich liebe mich, ich liebe dich
4. Mantra: Ich bin Liebe, du bist Liebe

Die emotionale Ebene der Selbstliebe im Herzen zu aktivieren ist der erste
wichtige Schritt. So kannst du nach ein- oder mehrmaliger Durchführung der
Selbstliebe-Meditation im gelebten Leben damit starten, dich zu fragen, was
dir auf Körper-Geist-Seele Ebene gut tut, damit du dich in deiner Haut
wohlfühlst.

Einige Inspirationen für dich:

1. Was brauche ich auf der körperlichen Ebene, damit es mir gut geht?

Welche Form der Bewegung und des Sports macht mir wirklich Freude?
Wie wohl fühle ich mich in meinem Körper? Was kann mein Wohlbefinden
fördern? Was verhindert es? Nehme ich mir ausreichend Zeit, mein
körperliches Wohlbefinden zu stärken?

Körperlichen Ausgleich zur täglichen Arbeit schaffen etwa mit sportlichen
Betätigungen, wie Gymnastik, Tanzen, Walken, Yoga, Qi Gong, Schwimmen,
Rad fahren, Wandern, Reiten, etc.,
Aufenthalte an besonderen Kraftplätzen,
die Sinne intensiv zu spüren,
eine Massage,
gesunde Ernährung,

körperliche Pflege,
die passende Frisur,
Wohlfühlkleidung,
deine wahre Berufung zum Leben zu erwecken, welche dich inspiriert und weiter in deiner Potenzialentfaltung wachsen lässt,
neue Orte und Länder zu bereisen, an denen du eine starke Verbindung spürst,
dir deine Anbindung an Mutter Erde bewusst zu machen und zu stärken,
dich geliebt, geborgen und getragen zu fühlen auf Mutter Erde!

2. Was brauche ich auf der seelisch-emotionalen Ebene, damit es mir gut geht?

Freundschaftliche Kontakte, welche inspirierend sind,
Massagen und Berührungen, welche die Seele nähren,
emotionale Entwicklungsprozesse und Aufarbeitung der eigenen Kindheit, damit sich jeglicher Mangel an Liebe auflösen kann und tiefer Frieden entsteht,
Körper und Energiearbeit, welche die Seele aufatmen lassen und somit neue Balance entstehen lassen,
neue Glaubensmuster und das Herzbewusstsein aktivieren - was fühle ich im Herzen, und wie entscheide ich mich im Hier und Jetzt, fühle ich ein Ja oder ein Nein,
zu lernen, zu sich selbst und seinen Entscheidungen zu stehen.

3. Was brauche ich auf der geistig-spirituellen Ebene, damit es mir gut geht?

Nährende zwischenmenschliche Kontakte, mit denen du dich auf dieser Ebene austauschen kannst und Weiterentwicklung für dich stattfindet,
dich selbst zu erforschen, wer du in Wirklichkeit bist und dich zu fragen, ob du dein wahres Selbst bereits lebst,
das eigene Ego loslassen und dich für deine wahre Berufung öffnen.

So ebnest du auch den Weg zur wahren Liebe. Denn alles ist mit allem
verbunden.
Die Harmonie zwischen Körper, Geist und Seele ist wesentlich, damit sich
die Selbstliebe in dir entwickeln kann und immer stärker spürbar wird.

Um noch tiefere Glücksgefühle in dir erzeugen zu können, ist es wichtig,
dass du mit den Elementen Erde, Wasser, Feuer, Luft und Äther eine
Verbindung spürst und diese stimmig und kreativ in dein Leben integrierst.
Alles, was wir im Außen sehen, tragen wir auch in uns: Es ist eine
Spiegelung. Daher fühlen wir ein ganzheitliches Wohlbefinden, wenn wir
diese im Außen wahrnehmen, denn es stärkt und nährt das Gefühl der Fülle
in uns.

Die Erde steht für unsere körperliche und emotionale Stabilität, für das
Verwurzeltsein im Leben und Verbundenheit mit den Ahnen. Mutter Erde
unterstützt den Menschen, der sich umfangreich für die Selbstliebe öffnet,
dahin gehend, dass er beim "Gehalten werden" einen freien Zugang zur
Anbindung an Mutter Erde bekommt. So bin ich als "Engel der Herzen" eine
Stellvertreterin der „Erdenmutter" denn ich halte und wiege Menschen seit
vielen Jahren in meinen Armen.

Mutter Erde ist ein lebendiges Wesen, mit der wir kommunizieren können.
Wir können mit Pflanzen, Bäumen, Tieren, mit den Engeln, mit Gott und dem
gesamten Universum kommunizieren. Damit ein Mensch im Zustand der
Trennung den Weg zur Liebe findet, benötigt er die natürliche und
unschuldige Anbindung und Verbindung zur Mutter Erde, und damit
verbunden mit dem ursprünglichen Gefühl des "Geliebt, Geborgen und
Getragen Seins".
Wir sind großteils in einer verstandeslastigen Welt groß geworden, wo
Leistung zählte und das männliche Prinzip dominierte. Viele Menschen
leiden, weil sie keinen Zugang zur weiblichen, mütterlichen Energie haben
und diese in unserer Gesellschaft teilweise verloren gegangen ist.

Im Zustand der Dualität waren diese Erfahrungen, wertneutral betrachtet, für uns so vorgesehen. Doch auf dem Weg zur göttlichen Einheit der Liebe ist es wesentlich, dass der Mensch die bedingungslose mütterliche, weibliche Liebe wieder natürlich und unschuldig spüren kann und somit im Becken eine Verbindung zur Mutter Erde aufbauen kann.

Der Mensch ist wie ein Baum. So haben auch wir kraftvolle Wurzeln, die mit Mutter Erde (Element Erde) in Verbindung stehen.
Diesen energetischen Zustand im Becken in den Zellen zu verankern, ist eine wesentliche Voraussetzung, um das Potenzial der gelebten Berufung und der wahren Liebe voll zur Entfaltung bringen zu können und somit unsere wahre Größe, Schönheit und Macht unseres wahren Selbst, wer wir in Gott wahrhaftig sind, vollständig integrieren zu können. Denn nur wer starke Wurzeln hat, kann auch „hoch fliegen"!

Was hat es nun mit den anderen Elementen auf sich?

Die Luft steht für geistige Offenheit. Die Energie des Luftelements möchte unseren Kopf stets von jeglichen Ballast befreien und unseren Geist reinigen, damit wir geistige Zusammenhänge erkennen und verstehen können.
Die Luft macht uns bewusst, wie wichtig und essenziell unsere Atmung ist (Atmen ist Leben) und zeigt uns, wie wir uns manchmal aus der "Schwere des Lebens" wieder in die Leichtigkeit erheben können.

Das Wasser steht für unsere Emotionen. Wenn wir unser Herz öffnen und fühlende Wesen werden, kann die Liebe und der Atem frei in uns zirkulieren. Wir dürfen uns erinnern, alle Emotionen frei fließen zu lassen. Dann werden wir, energetisch betrachtet, wie ein rauschender Bach beziehungsweise ein starker Baum in dem die Energie vom Becken bis zum Scheitel oder von den „Wurzeln bis zur Baumkrone" durchlässig zirkulieren darf, frei, natürlich und unschuldig.

Das Feuer steht für unsere Tatkraft, unser Herzensfeuer, für unsere Motivation das Leben intensiv zu leben und im Einklang mit unserem Seelenplan zu gestalten. Außerdem unterstützt uns das Feuer der Transformation dabei, alte Energien loszulassen, um ein neues Feuer in uns entzünden zu können. Das Feuer der Liebe in uns zu entzünden und den wahrhaftigen Weg des Herzens zu beschreiten, wird ebenfalls durch das Element Feuer unterstützt. Das Feuer wärmt unsere Seele und erneuert unsere Lebensenergie, damit wir uns immer weiterentwickeln können und uns in schweren Zeiten, wie Phoenix aus der Asche, immer wieder neu erheben und erneuern können. (Alchemie)

Wenn wir die Selbstliebe umfangreich in uns entfalten und die Vereinigung zwischen männlich und weiblich in uns aktivieren, unterstützt uns die Feuerkraft, alle Aspekte in uns in die Einheit zu bringen, damit die Verschmelzung in uns intensiver spürbar wird.
Erst wenn der Mensch in seiner Ganzheit angelangt ist, ist er im vollen menschlichen Potenzial angekommen. Der Zustand der Fülle kann gesteigert werden, indem wir die Trilogie "Mensch, Tier, Natur" in unser Leben einladen.

Da ich auf einem Bauernhof mit vielen Tieren in wunderbarer Natur aufgewachsen bin, habe ich bereits als Kind diese Einheit und Verbundenheit "mit allem, was ist" in der Natur des Öfteren stark spüren können. Es ist ein Geschenk, welches wir bewusst in unsere Seele integrieren dürfen.

Je bewusster wir durchs Leben schreiten, desto stärker wird unsere Achtsamkeit und Wahrnehmung für die Energie der feinstofflichen Pflanzen- und Steinwesen, den Elementarwesen und den Ley-Linien und ebenso unsere Verbindung mit unseren Ahnen, die uns schon vorausgegangen und uns unterstützen.
Wir können jederzeit mit Jesus, Gott und den Engeln kommunizieren und alles aussprechen, was uns bewegt. Den die feinstoffliche Welt ist überall empfangsbereit, offen und zugänglich.

Wie du erkennen kannst, geht es auf der Reise zur Selbstliebe darum, jegliche Trennungsprogramme in uns aufzulösen und die Verbundenheit mit allem, was ist, wieder in uns zu verankern. Denn Liebe ist der Inbegriff von Fülle. Wahre Selbstliebe, also dein wahres Selbst zu lieben, setzt voraus, dass du dein wahres Selbst zum Leben erweckst, wodurch die wahre Strahlkraft deiner Seele und deiner Authentizität zur Entfaltung gebracht wird.

Dafür gilt es zu Beginn die Basis zu schaffen. Das bedeutet, nun deine "ICH – BIN – PRÄSENZ" schrittweise in dir zum Leben zu erwecken.

Die passende Affirmation dafür ist: ICH BIN unendliches Bewusstsein Das heißt, dass es im nächsten Schritt wichtig ist, die verschiedenen menschlichen, wie beruflichen Identitäten, falls du mehrere Berufe gelernt hast und jenes Festhalten an deine Talente und Stärken etwas zu lockern. Denn wenn wir uns mit dem Beruf oder mit besonderen Fähigkeiten und Talenten zu stark identifizieren, bleiben wir in der menschlichen Matrix gefangen und begrenzen uns. Wir klammern uns zu sehr an unsere Persönlichkeit und an unser Ego.

Doch wir Menschen sind mehr als die Summe dieser verschiedenen Aspekte. Die Ausrichtung ICH BIN unendliches Bewusstsein kann in dir gestärkt und forciert werden, wenn du den Fokus von deiner mentalen Verstandesebene hin zur Herz-Ebene richtest und dich damit weiter darin übst, verdrängte Schatten ans Licht zu bringen. Je mehr wir unser Leben auf die Herzebene ausrichten, desto weiter kann sich auch die Selbstliebe entfalten. Das ist nur möglich, wenn du den tieferen Sinn verstanden hast, dass dich die Verstandesebene im Mangel und in den alten Strukturen verharren lassen und dich in der Stagnation halten will.

Menschen, die ihr Leben sehr kopflastig ausgerichtet haben und zu stark im Gut-oder-Schlecht-Modus und Richtig-oder-Falsch-Modus gefangen sind, tendieren dazu, dass Selbstliebe eher in Egoismus ausartet, eine zu starke Ich-Fixierung erwächst.

Aufgrund der zu starken mentalen Ausrichtung sind sie zu wenig in ihrem Herzen verankert.

Wenn du die Selbstliebe in dir stärken möchtest, bist du eingeladen, die Verstandesebene weiter loszulassen, denn sie verhindert nachhaltig die Entwicklung deiner Intuition und deinem Herzgespür, welche wesentlich sind, damit du dich in der Synchronizität mit dem Leben befindest, also zur rechten Zeit am rechten Ort bist und die richtigen Entscheidungen in deinem Leben treffen kannst.
Das ist die Voraussetzung dafür, dass du offen bist und sich dein Leben zum höchsten Wohle des großen Ganzen weiter entfalten kann, sei es auf der beruflichen oder der privaten Beziehungsebene.

Selbstliebe zu entwickeln, ist wesentlich, damit wir stets im Einklang mit dem Leben handeln und die Intuition in uns lebendig ist. Fühlen und Handeln in uns selbst in Einklang zu bringen, bedeutet, dass wir die weibliche fühlende Ebene und die handelnde männliche Ebene in uns wahrnehmen und somit besser integrieren können.
Dieses Bewusstsein von Fühlen und Handeln (weiblich und männlich in Balance) ist eine zentrale Voraussetzung für eine glückliche Partnerschaft und die optimale berufliche Entwicklung.

Wie entsteht Selbstliebe?

In den letzten Tausenden von Jahren haben wir Menschen das Leben auf der Verstandesebene ausgerichtet und uns dadurch von der göttlichen Quelle, der Liebe, abgetrennt. Man nennt diese Zeit auch das dunkle Zeitalter. Deshalb ist es weiterhin so, dass viele Menschen noch in den "alten Strukturen der Dualität" (Trennung) gefangen sind.

Eine weitere Problematik besteht darin, dass viele Menschen eine negative Bewertung zu Gott in sich tragen, da das eigene Ego viele Jahre zum Gott erkoren wurde. Die Reise zur Selbstliebe wird leichter, wenn diese Zusammenhänge verstanden werden.
Wenn nun deine Seele bereit ist, die Selbstliebe zum Leben zu erwecken, ist ein erster Schritt, den unbewussten Groll auf Gott wahrzunehmen und ihn nun freizugeben. Gott ist im Grunde der Inbegriff der Liebe, der All-Einheit, der höchsten göttlichen Quelle und der unendlichen Verbundenheit mit allem, was ist.

Viele Menschen haben über viele Jahrtausende einen strafenden, autoritären und dominanten Gott erfahren und tragen somit ein verzerrtes Gottesbild in sich. Das war jedoch eine Indoktrination, also eine bewusst gesteuerte Programmierung von außen, welche zum Spiel der Trennung dazu gehörte. Hier sind wir aufgefordert, die Bewertung loszulassen und all diese Aspekte als evolutiven Prozess zu betrachten und sich in der Reflexionsphase immer wieder in die Adlerperspektive zu erheben.
So können wir leichter den Überblick über die vielen menschlichen Entwicklungsstufen behalten und uns in Erinnerung rufen, dass wir Menschen ganz bewusst dieses Getrenntsein von Gott erleben und erfahren wollten.

In dieser Zeit-Qualität, wo die Erde ihre Schwingung massiv erhöht, sind auch wir Menschen eingeladen, unsere eigene Schwingung zu erhöhen, uns also zur Liebe zu erheben und den niedrigen Morast der Dunkelheit für immer hinter uns zu lassen.
Das bedeutet, den Weg zur Selbstliebe zu ebnen, damit wir unser ganzheitliches Potenzial unseres wahren Selbst und der wahren Liebe in uns spüren und somit die göttliche Quelle in uns lebendig werden kann, damit das beseelte Wesen, welches wir sind, fühlbar und spürbar wird.
Wie sagte Johannes bereits: "Wer in der Liebe bleibt, der bleibt in Gott, und Gott bleibt in ihm".
Das ist mein Lieblingsspruch, den ich seit vielen Jahren gerne in eine

Geburtstagskarte schreibe, da hier die Essenz zu tragen kommt, um was es wirklich geht.
Die wahre Selbstliebe in uns zum Leben zu erwecken, ist gleichzeitig auch der Weg aus der dritten in die fünfte Dimension.

In meiner Praxis habe ich oft erlebt, dass Menschen zu mir geführt wurden, wenn sie in ihrem Umfeld, beispielsweise in ihrer Partnerschaft einen emotionalen Konflikt erlitten haben, der immer wieder auftauchte (Urschmerz der Trennung). In solchen Situationen darf der Mensch erkennen, dass das Leben nicht gegen ihn ist, sondern dass diese Spiegelungen Einladungen sind, die eigenen verdrängten Selbstwertprobleme und Mangelerfahrungen mit Liebe aus der Kindheit etc. ans Licht zu bringen.

Wir Menschen verändern uns oft erst, wenn wir Schmerz erfahren. Schmerz ist ein wesentlicher Motor, mit dem wir den Weg zur Liebe finden. Er ist wie ein Wegweiser, der uns dienlich sein möchte. Er ist nicht unser Feind. Es ist also wichtig, auch hier jegliche Bewertungen des Schmerzes loszulassen. Doch oft scheiden sich hier die Geister in der Realität. Manche Menschen hängen in der Bewertung fest und suchen im Außen den vermeintlich Bösen oder Schuldigen und poltern daraufhin den Rest ihres Lebens auf anderen herum. In Wirklichkeit geht es jedoch darum, seinem eigenen seelischen Drama ins Auge zu blicken, um den Weg zur Herzöffnung und Selbstliebe zu finden.
Hier wird vielen Menschen bewusst, dass sie nie bedingungslos geliebt wurden und deshalb keine Motivation haben, sich diesem Prozess zu öffnen und somit im Widerstand gegen diese Erfahrung hängen bleiben.

Die Wirklichkeit hinter dem Drama sieht jedoch anders aus! Aus der unendlichen Schöpferquelle bist du von Gott unendlich geliebt, geborgen und getragen und hast selbst die Wahl getroffen, auf der Erde diese Trennungserfahrungen von der Liebe zu machen, um dich genau an dem Punkt in deiner Entwicklung an das Mysterium Leben zu erinnern und die Reise nach Hause anzutreten. Wenn also jegliche Bewertungen von

Schmerz losgelassen wurden, können wir Schmerz wieder fühlend wahrnehmen und auch jegliche weitere Schattenemotionen. Wir sind hier auf der Erde, um alles zu fühlen, insbesondere die ganze Breite der Schattenthematik.

Je mehr wir darüber lernen und uns darin üben, alles zu fühlen, desto besser gelangen wir schrittweise zur emotionalen Fülle in unserem Herzen.

Der Ur-Schmerz der Trennung befindet sich auf der emotionalen Ebene in unserem Herzen, auf der körperlichen Ebene in unserem Wurzelchakra und auf der geistigen Ebene in unserem Kronenchakra.

Wenn sich auf diesen drei Ebenen der Urschmerz der Trennung in unserem Körper auflöst, dann ist der Weg gänzlich freigelegt, die bedingungslose Selbstliebe umfangreich zur Entfaltung zu bringen.

In Kapitel 4 erwarten dich Übungen, damit du die Bewertungen leichter loslassen kannst und wieder wahrhaftig fühlen lernst. So schaffen wir die optimalen Voraussetzungen, damit sich dein Herz weiter öffnet und du die Reise zur dir selbst weiter umsetzen kannst.

Denn nur über unser offenes Herz können wir uns selbst tiefgreifender und ehrlicher wahrnehmen und dadurch auch ehrlich und wahrhaftig im zwischenmenschlichen Bereich agieren.

Wie funktioniert die Herzöffnung?

Die Reise zum fühlenden Wesen findet vom Kopf zum Herzen statt, wenn wir den Ur-Schmerz der Trennung fühlend wahrnehmen. Das Herzzentrum kann sich schrittweise öffnen und der Weg zur Selbstliebe wird realisierbar.

In unserer Gesellschaft sowie auf der mentalen Ebene ist jede Emotion in der Dualität mit einer Bewertung verknüpft. Wir sprechen dann von positiven und negativen Emotionen und jenen, die wir annehmen oder eben ablehnen. Wenn eine negative Bewertung mit der entsprechenden Emotion verstrickt ist, dann können wir das Gefühl nicht wirklich optimal spüren. Das Herz kann sich erst dann wirklich öffnen, wenn wir die mentale Ebene durch praktische

Übungen schulen und so die antrainierten Bewertungen gegenüber Gegenständen, etc. wahrnehmen und loslassen. Der entsprechende Gegenstand wird wieder frei und ungehindert in seiner Essenz wahrgenommen und gefühlt.

Dazu möchte ich dir ein Beispiel geben: Viele Menschen können ihre Schatten-Emotionen nicht fühlen, weil sie eine sehr negative Bewertung damit assoziieren und dadurch emotional blockiert sind. Wenn du dich jetzt spontan in deiner Umgebung umsiehst, wo du dich gerade befindest, lade ich dich ein, nun einige Gegenstände zu berühren und die spontane Bewertung in dir wahrzunehmen.

Ich berühre eine Glasscheibe und denke spontan: "Oh, diese Glasscheibe ist kalt und hart", so ist in mir eine eher negative Bewertung damit verknüpft. Wenn ich einen weichen, flauschigen Teppich berühre, löst es spontan eine eher positive Bewertung in mir aus, da weich und kuschelig positiv in mir abgespeichert ist.

Es ist somit meine persönliche Bewertung von positiv oder negativ zu dem jeweiligen Gegenstand.

Wie im Buch des "kleinen Prinzen" schon zu lesen ist: "Es ist, was es ist, sagt die Liebe". Liebe bewertet nicht, sondern gibt dem anderen Raum für sein "Anders sein". Liebe lässt uns offen sein für die Vielfalt des Lebens. Liebe macht uns weit, Bewertung engt uns ein und begrenzt uns und den anderen. Unsere eigene Bewertung steckt alles und jeden in eine Schublade, die wir uns für diesen Menschen ausdenken. Jesus sagte bereits: "Richtet nicht, auf dass ihr nicht gerichtet werdet".

Ich kann diese Fühl-Übung wiederholen, indem ich die Glasscheibe wieder berühre und die negative Bewertung bewusst loslasse. Ich bleibe somit in der fühlenden Wahrnehmung und löse mich von der mentalen Bewertung. Ich fühle einfach die Glasscheibe in ihrer Essenz. Bei solchen Fühl-Übungen lösen wir die Verstrickung zwischen der Bewertung und dem Gefühl. Die Gegenstände sind weder positiv noch negativ, sondern ich fühle sie und

nehme sie einfach wahr. Wir werden schrittweise wieder fühlende Wesen,
die wertneutral wahrnehmen und spüren können.
Das ist eine wesentliche Voraussetzung für den Start zur Herzöffnung.

Wenn wir die negative Bewertung aufgrund unseres persönlichen Dramas
und jeglicher Tragödie immer wieder loslassen, können wir jegliche
Emotionen fühlend wahrnehmen. Damit ist erst wahrhaftige Veränderung
möglich.

Mensch werde wesentlich.
Werde wieder ein fühlendes Wesen.
So beschenkst du dich selbst und dein ganzes Umfeld.

Fühle die Energie, die in deinem Körper, in deinen Zellen zirkuliert. Diese
Energie kannst du von deinem Verstand abziehen und den Fokus auf die
Lebensenergie in deinem Körper richten. Du lernst, dich selbst zu spüren.
Und wenn wir gelernt haben, unsere Energie bewusst zu lenken und nicht
mehr krampfartig im Verstand verstrickt sind, sondern unsere ganzheitliche
Verbundenheit mit allem, was ist, spüren und wahrnehmen können, ist das
auch in stressigen Lebenssituationen vorteilhaft.

Raum für persönliche Notizen:

Was bedeutet Herzöffnung?

Das energetische Herz bzw. das Herzchakra befindet sich um die Thymusdrüse, welche sich im Bereich des Brustbeins befindet.

Meist beschäftigen sich Menschen mit dem Thema Herzöffnung, wenn sie Schmerz, Leid und Frust erleben. Alternativ öffnet sich ein Mensch für die emotionale Bewusstwerdung, wenn er spürt, dass die mentale Ebene erschöpft ist und die Sehnsucht der Seele nach tieferen Gefühlen und einer nachhaltigen Horizonterweiterung lebendig wird.
Wenn wir wieder lernen, jegliche Gefühle zuzulassen, öffnet sich unser Herzchakra wie eine wunderschöne Blume. Unsere wahre Schönheit wird erst dadurch sichtbar, die Schönheit unserer Seele strahlt dann von innen nach außen.

In fernöstlichen Kulturen wird das Herz auch mit einer Lotusblüte verglichen. Je weiter sich das Herz öffnet, desto mehr Blütenblätter öffnen sich. Durch das geöffnete Herz erhalten wir tieferen Zugang zu unserer Seele und zur Liebe.
Die Herzöffnung ist wesentlich, um wahrhaftig liebes- und beziehungsfähig zu werden. Die umfangreiche Herzöffnung bis in die tiefste Seelen-Ebene benötigt wahrlich unseren "Heldenmut", unsere Hingabe und unsere Aufmerksamkeit. Bis die wundervolle Blüte sich in ihrem vollen Glanz zeigen kann und der tausendblättrige Lotus voll erstrahlt, benötigt es auch ausreichend Zeit, denn auf der Reise zur wahren Selbstliebe, zum wahren Selbst und zur göttlichen Einheit gibt es vieles zu integrieren.
So erhält unser Leben einen echten Sinn und nachhaltigen Mehrwert, wenn wir die uns geschenkte Zeit für das Erblühen unseres Herzens und unseres wahren Seins nützen.
Denn nichts wäre trauriger, als ein sinnlos vergeudetes Leben voller Oberflächlichkeiten.

Du kannst dir alternativ auch vorstellen, dass unser Herzzentrum wie ein großer Garten angelegt ist, in dem es verschiedene Wege gibt, die zu den verschiedenen Bereichen führen. Starke Traumata sind verdrängt in der Seele, abgekapselt. Manche Wege sind daher in diesem großen Garten weit vom Eingang entfernt und es braucht ausreichend Motivation, Geduld und Ausdauer, bis der Mensch alle verborgenen und verwachsenen Pfade (Schattenaspekte) freilegen kann.
Herzöffnung findet aufgrund vieler verdrängter Themen somit in einem Schritt für Schritt Prozess statt.

Du hast bereits erfahren, wie wichtig es ist, die mentale Ebene von der emotionalen Ebene energetisch abzutrennen. Nur so können jegliche Emotionen frei von Bewertung gespürt und wieder integriert werden. Ein wesentlicher Schlüssel zur Herzöffnung ist, dass wir in unseren Partnerschaften, Freundschaften und Familien jegliche Schattenthemen gespiegelt, also aufgezeigt bekommen, und somit unsere Schmerzpunkte gedrückt werden. Man nennt das auch "getriggert werden".

Aufgrund des Resonanzgesetzes befinden wir uns als inkarnierte Wesen in einem pulsierenden Leben, welches uns durch das wechselseitige Triggern im sozialen Umfeld auf dem Weg zur Selbstheilung und Herzöffnung führen möchte. Oft wird uns erst in diesen Erfahrungen bewusst, welche verdrängten Emotionen sich noch in unserer Seele befinden und welche durch bewusstes, fühlendes Annehmen wieder integriert werden wollen. Wenn ein Mensch noch starke innere Widerstände hat und seine Emotionen sehr verdrängt, attackiert er in solchen Situationen sein Gegenüber. Je bewusster ein Mensch ist, desto mehr entsteht in ihm Akzeptanz über diese Vorgänge und er kann die Zusammenhänge leichter annehmen und die nötige Transformation, die daraus resultiert, für sich umsetzen.

Das Grundproblem bei der Herzöffnung besteht darin, dass viele Menschen bereits in ihrer Kindheit Schutzschilde und Verhaltensmuster aufgebaut haben, um diverse Emotionen nie wieder fühlen und erleben zu müssen. Das

ist auch der Grund, warum viele Menschen ihre unverarbeiteten
Kindheitsthemen ein ganzes Leben lang wiederholt erfahren und erleben.
Genau hier liegen die wesentlichen Geschenke des Lebens, diese Erfahrung
bewusst anzunehmen und hinter die eigene Fassade zu blicken, denn da
wird es wirklich interessant.
Wesentlich ist, dass wir den Spiegel im außen richtig deuten können und die
Zusammenhänge zu den verdrängten Erfahrungen der eigenen Kindheit
erkennen können.
So können wir die schmerzhaftesten Erfahrungen quasi nützen, um daraus
die wichtigsten Schätze unseres Lebens zu bergen, um nachhaltig die
Selbstheilung in uns aktivieren zu können.
Frei vom Ballast der Vergangenheit zu sein, ist so unendlich wertvoll, um den
Weg zur ganzheitlichen Fülle, Freude, Liebe und Glückseligkeit realisieren zu
können.
Ich spreche hierbei aus eigener Erfahrung.
Denn ich hätte nie gedacht, dass die schmerzhaften Erfahrungen mit meinem
Seelenpartner, in Zusammenhang mit meiner (narzisstischen) Mutter stehen
könnten. Die Spiegelung zu meinem Vater habe ich schnell erkennen
können. Doch die lang antrainierten Verhaltensmuster der falsch
verstandenen Nächstenliebe aus meiner Kindheit, wo ich in der
Missbrauchsenergie verstrickt war, konnte ich erst durch die „Wiederkehr von
schmerzhaften Erfahrungen" erkennen und in die Transformation bringen.
In der Kindheit eignen wir uns verschiedene Überlebensstategien an, wenn
wir Mangel an Aufmerksamkeit und Zuwendung erfahren und diese
destruktiven Verhaltensmuster agieren wir weiter in unseren
Liebesbeziehungen und Partnerschaften aus.
Diese langjährigen Knoten zu lösen, sind die wahren Schätze, damit der Weg
zu glücklichen Partnerschaften geebnet werden kann.

Das ist auch der Sinn der MARTINEUM – Wohlfühloase,
die Erfahrung des Geliebt, Geborgen und Getragen Seins tief in deiner Seele
zu verankern.
Denn dadurch öffnet sich dein Herz, wodurch du jegliche verdrängte

Schatten ausatmen und loslassen kannst und sich die Tür für ganzheitliche Erfüllung in Liebe und Beruf öffnet.

Im Coaching-Programm zur Herzöffnung und Selbstliebe bist du anfangs auch eingeladen, dir jegliche Stress – und Schattenerfahrungen des eigenen Lebens von der Seele zu schreiben.
Denn aus eigener Erfahrung weiß ich, wie wohltuend und befreiend es ist, alles aufzuschreiben. Diese Form der Katharsis gehört ebenfalls zum Prozess der nachhaltigen Herzöffnung und Selbstliebe dazu.

Um sich selbst einen Überblick der verdrängten Schatten machen zu können, ist eine spezielle Analyse durch das Enneagramm sehr hilfreich.
Denn jeder Mensch entwickelt, je nach Persönlichkeitsstruktur eine individuelle Überlebensstrategie in seiner Kindheit, um mit diversen Verhaltensmuster und destruktiven Energien der Umwelt besser zurecht zu kommen.

Dieser auferlegte Schutzpanzer darf im Lauf des Umkehrprozesses zur Herzöffnung entfernt und die göttliche Essenz und Wahrhaftigkeit im Menschen wieder gespürt werden. Schutzpanzer und diverse Verhaltensmuster legen wir uns in unserer Kindheit zu, um nicht verletzt zu werden, um mit emotionalem Stress umzugehen und um in der "Welt der Erwachsenen" bestehen zu können. Erst wenn wir diese Schutzpanzer ablegen, kann das Herz umfangreich geöffnet werden.

Im internen Bereich der Online-Akademie stehen den Klienten viele Videos zur Verfügung, die diese Prozesse umfangreich begleiten. Ein effektives Hilfsmittel zur mentalen und emotionalen Unterstützung sind auch die Chakra-Energie Karten von Walter Lübeck.
Sie bieten auf der Reise zur Herzöffnung ebenfalls wertvolle Unterstützung, sodass ich sie gerne weiter empfehle.

In den weiteren Kapiteln wirst du mehr darüber erfahren, welche intensive
Erfahrungen ich durch die Schmelzung der Verpanzerung erlebt habe. Das
Wertvolle am Aufschreiben der eigenen Schattenerfahrungen ist, dass wir
einen guten Überblick über unsere wichtigsten Lernerfahrungen erhalten.
Was waren die wesentlichen Herausforderungen und welche
Wachstumsschritte hat uns das Leben abverlangt, damit wir die saure Zitrone
in schmackhafte Limonade verwandeln konnten.
In unserer Lebensgeschichte ist unser Potenzial bereits sichtbar und spürbar
vorhanden, wenn wir uns darin üben, einen tieferen Blick für unser eigenes
Potenzial zu entdecken.

Auf der "Heldenreise" ist es auch wesentlich sich auf seinen "Herzensweg"
zu begeben, wodurch der Weg zur Selbstheilung und Selbstliebe forciert
wird.
Eine Voraussetzung ist, dass die bedingungslose Liebe auf der Ebene
deines Herzens, deines geheilten Beckens und deiner spirituellen Anbindung
spürbar wird. Es geht also darum, vom Zustand des Getrennt Seins in den
Zustand der unendlichen Verbundenheit mit dem Leben zu gelangen, um das
Tor der Fülle öffnen zu können.
Um die wahre Fülle im Leben manifestieren zu können, sind wir Menschen
eingeladen, unser Ego loszulassen. Wir treten in das Goldene Zeitalter ein
und die alten Strukturen der Ego-Ellbogen-Technik sind zum Scheitern
verurteilt und erzeugen destruktives Karma. Erst wenn wir unser Leben zum
Wohle des Ganzen ausrichten und mit unseren einzigartigen Gaben ein
wahrer Beitrag für die Welt sind, ist die wahre Fülle eine natürliche Folge
davon. Das Ego loszulassen ist auch Zeichen einer höheren
Entwicklungsstufe. Dabei ist es hilfreich, Menschen an der Hand zu haben,
die diese Stufen bereits selbst gegangen.

Im Zuge der Herzöffnung geht es auch darum, die wahre Größe, Schönheit
und Macht in sich immer lebendiger werden zu lassen, damit die
Eigenverantwortung und Selbstliebe in Bezug auf die wahre Berufung in der
Praxis realisiert werden kann. Denn viele Menschen haben Angst vor ihrer

wahren Größe und das Thema Macht ist in unserer Gesellschaft oft mit destruktiven Gefühlen verknüpft. Das hängt damit zusammen, dass wir viele Tausend Jahre im dunklen Zeitalter lebten und die dunkle Seite der Macht in der Opfer- oder Täterrolle auf der zellulären Ebene bei vielen Menschen noch vorhanden ist.

Es ist essenziell, jegliche destruktiven Energien gänzlich aufzulösen, damit die natürliche Kraft und lichtvolle Macht zum Wohle des Ganzen zum Leben erweckt werden kann und der Mensch sein wahres göttliches Licht zum Leuchten bringen kann.

Fremdenergien und destruktive Verhaltensmuster dürfen erkannt und losgelassen werden, wodurch ein tiefgreifender Transformationsprozess eingeleitet und schrittweise umgesetzt wird.

Diese verschiedenen Stufen der persönlichen Entwicklung zu durchlaufen, benötigt Zeit. Ausreichend Zeit ist wichtig, damit sich der Mensch emotional öffnen kann, um sich ehrlich und tiefer gehend reflektieren zu können. Für jene, die sich schon sehr lange persönlich reflektieren, können die Prozesse etwas rascher umgesetzt werden.

Wundervolle Seele,
du hast nun wertvolle Informationen erhalten, wie die Reise vom Kopf ins Herz aussieht und wie du sie nun umsetzen kannst.

Nun möchte ich dich einladen, beim Lesen der folgenden Zeilen deine Hand auf dein Herz-Zentrum zu legen.

Stell dir vor, jeder Mensch macht genau das, warum er hier auf der Erde gelandet ist.
Stell dir vor, jeder Mensch ist ein wertvoller Beitrag für viele seiner Mitmenschen!

Stell dir vor, wie es ist, wenn viele Herzensmenschen ihre wahre Berufung annehmen, zur Entfaltung bringen und eine Welle der Heilung, Freude, Liebe und Glückseligkeit auf Mutter Erde durch alle Kontinente und zu allen Menschen strömt?
Stell dir weiter vor, wie diese Welle der Heilung, Liebe und Freude eine unendliche Fülle in dir und vielen anderen Menschen zum Leben erweckt, einfach, weil sie alle genau an dem Platz stehen, der für sie bestimmt ist.

Möchtest du dabei mitwirken, deine besonderen Gaben zur Entfaltung zu bringen, alle deine Ängste endlich über Bord zu werfen und dich dem göttlichen Plan für dein Leben anvertrauen?
Emotional aufgeladen von der göttlichen bedingungslosen Liebe bist du im Lauf deiner "Heldenreise" ein gefüllter Kelch geworden, in dem die wahre Fülle und Freude spürbar wurde und du in deiner Einzigartigkeit deine Gaben zum Wohle des großen Ganzen einsetzt!
Denn jeder Mensch, der jetzt sein Potenzial entfaltet, wird an seinem vorherbestimmten Platz stehen und seine gottgegebene Aufgabe erfüllen.

Mensch erkenne, die Zeit des Einzelkämpfers ist vorbei.

Die Qualität der Wir-Gemeinschaft möchte gelebt und entfaltet werden!

Fühle dich gerufen, geliebtes Kind, am Beginn der Neuen Zeit!

Deine Zeit ist gekommen! Du bist willkommen!

Erwache zum wahrhaftigen Leben, das du bist!
Mensch lebe, bevor du stirbst!
Lebst du noch oder liebst du schon?

Warum Selbstliebe so wichtig ist und wie Selbstliebe alles verändert

Auf dem Weg zur Selbstliebe gibt es viele Stufen. Du kannst es dir vorstellen, als wenn du eine lange Treppe zu einem Tempel hinaufgehen würdest. Zum Tempel der Liebe, der du selbst bist. Die Basis der Selbstliebe zu entfalten bedeutet, für sein Wohlergehen, die Balance zwischen Körper, Geist und Seele die Verantwortung zu übernehmen und das Leben auch aus der Balance von Fühlen und Handeln zu gestalten. Im Entfalten der Selbstliebe wird das Leben mehr aus dem Herzen gelebt und in diesem Zusammenhang ist es wichtig, begrenzende Verstands- und Moralprogramme loszulassen, welche einer wahrhaftigen Lebensführung im Weg stehen, damit sich die Intuition umfänglich entfalten kann.

Der Verstand und die auferlegten Moralprogramme sind einengend und verhindern oft, dass der Mensch eine Verbindung zu seiner Seele aufbaut. Erst wenn die Herzintelligenz im Menschen lebendig wird, hat er Zugang zur unendlichen göttlichen Weisheit. Deshalb sind in alten Motiven diverser Heiligenbilder Jesus, Maria und Josef mit einem roten Herz inmitten ihrer Brust abgebildet. Es steht für tiefe Herzheilung, Herzöffnung, Selbstliebe und die Realisierung der eigenen Ganzheit. Diese höchste Potential haben auch sie in ihrer Inkarnation manifestiert.

Je langfristiger ein Mensch, den Weg des Herzens und der Selbstliebe geht und weiter entfaltet, desto stärker wächst in ihm die innere Kraft und Souveränität, wahrhaftige und mutige Entscheidungen für sein Leben treffen zu können. Wenn sich Ängste auf dem Weg zeigen, werden diese bewusst gespürt und reflektiert, damit diese wichtigen Entscheidungen getroffen werden können.
Solche Lebensphasen sind wertvoll, da sich der Mensch dabei trainiert, seine Komfortzone immer wieder zu hinterfragen, denn das Leben möchte uns immer wieder einladen, alte, nicht mehr dienlichen Grenzen zu sprengen und immer wieder "offen für Neues" zu sein.

Ein Mensch hingegen, der das Leben eher aus dem Verstand und den verschiedenen einschränkenden Moralprogrammen und Indoktrinationen der Ursprungsfamilie gestaltet, hat genau die gleichen Ängste. Diese werden aber, soweit möglich, verdrängt, denn die Bequemlichkeit des Egos und die lange Tradition der Komfortzone wollen auf keinen Fall in Frage gestellt, geschweige denn losgelassen werden. Hier ist unter anderem die Angst vor Mangel vorherrschend, denn das Ego ist der Inbegriff von Mangel. Die göttliche Führung jedoch ist der Weg zur unendlichen Fülle. Des Weiteren sind diese verdrängten Emotionen in der Regel mit seelische Wunden, die noch nicht in die Heilung gelangt sind, verknüpft. Somit sind hier die Ängste, aufgrund wahrhaftiger Herzensentscheidungen vom Umfeld abgelehnt, ausgegrenzt und nicht mehr geliebt zu werden, noch zu stark verdrängt.

In früheren Leben sind wir gestorben, wenn wir aus der Gemeinschaft ausgeschlossen wurden, es ging damals ums nackte Überleben. Unser Gehirn hat starke Überlebensmechanismen eingebaut, sodass es einer sehr bewussten Lebensführung bedarf, diese Verhaltensmuster zu erkennen, um sie verstehen, integrieren und dann auch frei lassen zu können. Wir sind in diesem Leben nicht mehr von der Liebe, Wertschätzung und Anerkennung des Umfeldes abhängig.

Wir dürfen erkennen, dass es letzten Endes nicht ums Denken, sondern um das (ewige) Sein geht, das jeder Mensch in sich zur Entfaltung bringen darf. Die Wirklichkeit hinter dem Drama des Lebens ist, dass wir uns von Gott unendlich geliebt wissen und auf Mutter Erde diese Liebe wieder in unserem göttlichen Tempel spüren dürfen. Die beseelten, echten und redlichen Menschen sind quasi Engel in einem menschlichen Gewand – eine spirituelle Seele, die sich als lebendiges Wesen materialisiert hat, um alle Erfahrungen in einem menschlichen Körper zu sammeln.

So darf ein Mensch auf dem Weg zur Selbstliebe all´ seine verdrängten
Schatten mutig beleuchten und ans Licht bringen, um die Selbstwert-
Blockaden, die oft viele Inkarnationen zurück reichen und jegliche weiteren
Aspekte in die Balance zu bringen.
Weil viele Menschen in vielen Inkarnationen den Selbstwertmangel tief
verdrängt haben, ist die Reise zur Herzöffnung und Selbstliebe auch so
wichtig!

Jeder ist aufgefordert, seine jetzige Lebenszeit zu nützen, um die
tiefsitzenden Blockaden aufzulösen, damit die wahre Größe, Schönheit und
Macht zum Leben erweckt wird.
Denn wer die Liebe Gottes natürlich und unschuldig in seinem Herzen spürt,
wird neu geboren.
Der alte Mensch ist vergangen und wir sind dann eine neue Schöpfung in
Gott!

Menschen auf dem Weg zur Selbstliebe werden im Lauf der Zeit immer
authentischer und wahrhaftiger, da sie nicht mehr abhängig von der Liebe im
Außen sind, sondern sich selbst immer mehr als "Feld der Liebe" begreifen
und wahrnehmen, je weiter sie in ihrem Heilungsprozess der Ganzheit
fortgeschritten sind.

Wenn dieser Mensch dann die nächste Entwicklungsstufe der "wahren
Selbstliebe" umsetzt, indem er das wahre Selbst in sich zum Leben erweckt,
wo sich, wie bei einem "Destillationsprozess" die wahre Berufung
schrittweise herauskristallisiert, ist das der Weg, ein strahlendes Licht in der
Welt zu sein, einhergehend mit der Bereitschaft, dort zu dienen, wo diese
Einzigartigkeit optimal zum Einsatz gebracht wird.

Mangel an Selbstliebe und Ursachen

Kinder entwickeln in den ersten fünf Lebensjahren verschiedene Verhaltensmuster und Zwangsfixierungen, wodurch sie tendenziell ihr Herz verschließen, um vor weiteren Verletzungen geschützt zu sein. Je stärker der emotionale Schmerz, desto stärker wird das Herz verschlossen und desto stärker entwickeln diese Menschen im Laufe des Lebens jegliche Kompensationsmechanismen, mitunter narzisstisch-manipulative Züge im zwischenmenschlichen Umgang.

Generell ist zu sagen, dass je nach Menschentypus unterschiedliche Verhaltensmuster als Kompensationsmechanismus in der Kindheit entwickelt werden.

Zum Beispiel sind auch überfürsorgliche, erfolgshungrige, systemtreue, intellektuell in sich gekehrte, konfliktscheue und perfektionistische Menschen in den Fixierungen ihrer Kindheit gefangen und ein Zeichen, dass sich markante Schutzschilde im emotionalen Bereich befinden und die wahre Selbstliebe und der Zugang zum wahren Selbst blockiert ist, was auch als das Leben im falschen Selbst bezeichnet wird.

Wenn ein Mensch nur über erbrachte Leistung Liebe erfährt, wird er vom Subjekt zum Objekt degradiert und dies erzeugt viel Schmerz in der Seele, denn kein Mensch möchte als funktionierendes Objekt betrachtet und "missbraucht" werden.

Des Weiteren ist in der Dualität eine Tendenz vorhanden, im Außen gut da stehen zu wollen und so zu tun, als ob man brav und anständig wäre, nur um geliebt zu werden und dazuzugehören. Auch dieses Verhalten hat oft mit verdrängten Traumata zu tun. Manchmal bedarf es des Schmerzes des Ausgebrannt Seins, eines finanziellen oder beruflichen Ruins, also ein Wegbrechen der gewohnten Lebensstrukturen, um den Weg zu sich selbst ebnen und zur wahren Selbstliebe und zum wahren Selbst finden zu können.

Wenn ein Mensch in der Kindheit traumatische Erfahrungen gemacht hat und sein Herz verschlossen ist, sind Tendenzen zu egozentrischen, manipulativen, dominanten, autoritären und gewaltbereiten Verhaltensmustern zu erkennen. Je weiter der Mensch im Zustand der Trennung ist, desto stärker sind auch die psychischen Symptome, also das Gefühl komplett abgespalten und ein Schatten seiner Selbst zu sein. Man bezeichnet den Zustand des Getrennt Seins, der Entfremdung und Isolation auch als Dissoziation und Depersonalisation. Die Folgen davon sind ein Zustand des Entwurzelt Seins und ein latentes Gefühl von Gefahr. Das ist ein Zeichen, dass das Großhirn blockiert ist. Emotionale und körperliche Blockaden spiegeln sich in den entsprechenden Hirnarealen wider, was bereits vor vielen Jahren in der "Neuen germanischen Heilkunde" erforscht wurde.

Das Gefühl entwurzelt zu sein, spiegelt sich auch in Blockaden und und Schmerzen im Beckenbereich.
Für den Weg zur Einheit und zur Selbstliebe ist es daher essenziell, dass im Becken das Ur-Gefühl der Wärme und Geborgenheit wieder lebendig wird, ein Mensch den "Ur-Zustand" des "bedingungslosen Geliebt Seins" auf der zellurären (und seelischen) Ebene spüren kann.
Dadurch können sich jegliche Verhärtungen auflösen und die Lebensenergie im Körper kann wieder frei zirkulieren.
Wenn ein Mensch einen enormen emotionalen Stress erfahren hat und diesen nicht verarbeiten konnte, bilden sich im Gehirn Opioide, wodurch er auf der emotionalen Ebene Schmerz nicht mehr spüren kann. Je "verpanzerter" ein Mensch emotional ist, desto stärker kann er in diesem Zustand sich selbst oder andere Menschen körperlich oder emotional verletzen, nur um sich auf diese Art und Weise wieder selbst spüren und sich als selbst wirksam erfahren zu können. Des Weiteren ist durch den Zustand des Getrennt Seins die Bereitschaft, Fremdenergien Tür und Tor zu öffnen, vorhanden, wodurch weitere Konflikte mit der Umwelt vorprogrammiert sind. Fremdenergien können sich nur dort zeigen, wo sich die Seele massiv zurückgezogen hat, viele Seelenanteile an markanten Wegstationen leblos

zurückgeblieben sind und sich ein Mensch seit langer Zeit in einer inneren "Schockstarre" befindet.

Wenn ein Mensch lernt, in einem geschützten Rahmen die verdrängten Emotionen, wie Ohnmacht, Hass, Wut, Hilflosigkeit, Aggression, … zuzulassen und parallel auch die Erfahrung des "Geliebt, Geborgen und Getragen Seins" macht, wo tiefe Entspannung entsteht, kann langsam Regeneration und eine schrittweise Anbindung an die Wurzeln spürbar werden. Der Körper wird schrittweise mit Glückshormonen und dem Bindungshormon Oxytocin geflutet, wodurch im Menschen ein neues Körpergefühl und eine neue Dimension von seelischem Wohlbefinden entsteht.

Für die Befreiung von Fremdenergien und die Integration von Seelenanteilen gibt es für unsere Klienten weiterführende Videos und unsere persönliche Unterstützung im Coaching Programm, sodass die komplette Anbindung und Ganzheit wieder entstehen kann.

Bereits vor vielen Jahren hat mich die göttliche Führung immer wieder instruiert, wie ich die Körper- und Energiearbeit für die Klienten optimal gestalten soll, damit sie den besten Nutzen für ihre Transformation daraus ziehen können. Ein Kollege, der sich im Sinne der "Neuen germanischen Medizin", mit diesen vielschichtigen Zusammenhängen von Körper, Geist und Seele seit vielen Jahren beschäftigt, hat mir die Wirksamkeit meiner Körperarbeit aus der ganzheitlichen Perspektive der Germanischen Medizin des öfteren bestätigt, was mich sehr berührt hat.

Es ist somit möglich, dass durch die optimale Körperarbeit und dem Auflösen jeglicher "Verpanzerungen" aus der Kindheit jeder emotionale und seelische Mangel an Liebe aufgelöst werden kann und ganzheitliche Fülle an Liebe spürbar wird.

Selbstliebe – der Weg zur inneren Heilung

Ein Mensch, der sein Leben rein aus der Verstandesebene gestaltet, ist weit von seiner inneren Heilung und der Liebe zu sich selbst entfernt. Die verschiedenen Emotionen wie Frust, Schwäche, Unfähigkeit, Hass auf sich selbst et cetera werden oft wahrgenommen, doch nur um sie dann auf andere Menschen, die sich weiterentwickeln, zu projizieren.
Bei Verstandesmenschen drückt sich die Selbstliebe oft in Form von Egoismus, der krankhaften Ich-Fixierung, oft auf Kosten des Umfeldes, aus.

Die Ausrichtung eines Menschen auf dem Weg zur Selbstliebe und der inneren Heilung besteht darin, dass er seine Opfer- und Selbstsabotage-Programme und destruktiven Glaubensmuster, wie "Ich bin nicht gut genug" oder "Ich bin Opfer der Umstände" losgelassen hat. Des Weiteren geht es darum, die Selbstwertblockaden aufzulösen. Die Selbstwertproblematik zieht sich in unserer westlichen Kultur durch alle Gesellschaftsschichten, ob reich oder arm, und hängt mit dem Getrennt Sein von der Liebe und diversen Traumata zusammen. Als essenzielles Gefühl für die Aktivierung der Selbstliebe benötigt es die persönliche Erfahrung der bedingungslosen Liebe auf Körper-Geist-Seele-Ebene, wie sich in der Praxiserfahrung mit Klienten gezeigt hat. Für nachhaltige Veränderung braucht es diese ursprüngliche Erfahrung von Geborgenheit, da nur intensive Gefühle die Kraft haben, dass sich neue Energiefelder in unserem Zellsystem und dadurch ein neues Lebensgefühl in uns manifestieren und abspeichern kann:

Sich geliebt zu fühlen, um seiner Selbst willen,
ohne, dass man dafür etwas leisten oder
brav und anständig funktionieren muss, ist essenziell.

Erst die Fülle an Liebe intensiv in jeder Zelle zu spüren, öffnet das Herz-Zentrum, sodass die Schatten der Liebe schrittweise auch gefühlt werden und die ersehnte Integration stattfinden kann.

Im Lauf der Zeit geht der Mensch immer liebevoller, achtsamer und respektvoller mit sich selbst um. Wenn vom Umfeld noch Schatten angetriggert werden, ist man fähig immer tiefer ins Herz zu fühlen und parallel die Spiegelung zur Ursprungsfamilie geistig besser zu analysieren und zu verstehen. So entsteht zwischen der geistigen und emotionalen Ebene schrittweise die neue Balance und innerer Friede, wenn sich diverse Knoten und Verstrickungen auflösen.

Neue Glaubensmuster und Affirmationen, die unterstützend sind:

Ich bin es wert, dass es mir maximal gut gehen darf!

Ich achte auf meine Bedürfnisse und spüre stets in mein Herz, damit ich wahrnehmen kann, wie ich mich fühle und was ich brauche.

Ich bin ganzheitlich erfüllt und fühle die göttliche Einheit in mir!

Das Leben liebt mich, und ich bin zu jeder Zeit geborgen und getragen!

Ich bin stets zur rechten Zeit am rechten Ort und treffe die richtigen Menschen, welche mich in meiner weiteren Entwicklung unterstützen.

Ich nehme das Leben als umfangreichen Wachstums- und Reifeprozess an.

Wichtig auf dieser Stufe ist es, auch die Eltern-Thematik zu beleuchten. Viele Menschen haben wenig Liebe in der Kindheit erhalten, was beim Erwachsenen zu Frust, Schmerz und Aggression führt. Erst wenn wir lernen, diesen Gefühlen auch ihren Raum zu gewähren und sie konstruktiv ausdrücken, können wir uns von dieser Drama-Energie verabschieden. Wenn schwere Konflikte zwischen Eltern und Kindern vorhanden sind und der Mensch bereit ist, die Opferrolle tiefgreifend aufzulösen, können Rückführungen sehr hilfreich sein. Hier wird die Thematik von Opfer und Täter aus mehreren Leben vielseitig beleuchtet, wodurch sich aufgestaute Emotionen leichter auflösen können.

Wie du erkennen kannst, geht es immer um verdrängte Emotionen, die lange Zeit im Menschen brodeln, bis er die emotionale Reife besitzt, tieferliegende Zusammenhänge zu erkennen und sie ins Fließen zu bringen. Wenn dieses Ausagieren von Opfer- und Täterrolle auf einer tieferen Ebene verstanden wurde, lösen sich Konflikte auf und ein innerer Friede stellt sich auf natürliche Weise ein.

Wenn wir unsere eigenen Schatten erkennen und sie nicht mehr nach außen projizieren, sondern erkennen, dass wir auch uns selbst die eigene Unvollkommenheit vergeben dürfen, dann entsteht eine neue Bewusstseinsebene. Vergebung ist kein notwendiges Übel, damit ich "die Sache vom Tisch habe" und auch kein oberflächliches Lippenbekenntnis, sondern echte Qualität von Vergebung findet auf der tiefen Seelen-Ebene statt, wo sie ihre Wirkung entfaltet.

So wird die Voraussetzung geschaffen, dass die bedingungslose Liebe zu Menschen im familiären und freundschaftlichen Umfeld, wo vorher Konflikte waren, wieder ungehindert fließen und strömen kann. Denn wir kommen ins Leben, um uns weiterzuentwickeln und Konflikte mit unseren Mitmenschen aus der Vergangenheit zu erkennen und sie aufzulösen, damit wir wieder in den inneren Frieden gelangen.
Wenn wir das in unserem Leben verstanden und in die Praxis umgesetzt haben, ist es von echtem Wert und tiefem Sinn erfüllt.
Das sind "lohnenswerte" Ziele für die Ewigkeit!

Jede Begegnung im familiären oder freundschaftlichen Umkreis hat ihren Sinn und darf in ihrer Bedeutung verstanden werden. Wenn wir in unserem Leben nicht zu diesem Verständnis gelangen und für die eigenen Konflikte mit unseren Mitmenschen nicht die Verantwortung übernehmen, sind wir gezwungen, in anderen Inkarnationen dort weiterzumachen, wo wir in einem vorherigen Leben aufgehört hat.

Es werden immer jene Seelen zusammengeführt, wo noch Konflikte zu bereinigen und Frieden herzustellen ist, denn nichts geschieht zufällig im göttlichen Plan. Vielmehr fällt uns alles zu, was fällig ist, bereinigt und in die göttliche Ordnung gebracht werden möchte.

Raum für persönliche Notizen:

Wer Augen hat, der sehe.
Wer Ohren hat, der höre.
Wer ein Herz hat, der fühle.
Wer einen Geist hat, der verstehe.
Wer eine Seele hat, der integriere.

Wie dich die wahre Selbstliebe zu deinem wahren Selbst führt

Wenn du die wahre Selbstliebe in dir manifestiert hast, bedeutet das, dass du dein wahres Selbst in dir entfaltet hast und somit tiefste Heilung in dir stattgefunden hat. Das Gefühl der Liebe wird in dir gestärkt und intensiv spürbar, wenn dein wahres Selbst in dir zum Leben erweckt wird, denn es ist der göttliche Aspekt in dir, der dir deine wahre Größe, Schönheit und Macht umfangreicher bewusst macht. Tiefste Heilung und Herzöffnung kann nur stattfinden, wenn sich alle Schutzschilde und Verhaltensmuster der Kindheit in dir aufgelöst haben und du dadurch erst in die tiefen Abgründe deiner Seele abtauchen und jene Emotionen fühlen kannst, welche dir bis dato noch verborgen waren.

Viele Menschen erfahren in der Kindheit die Trennung und den Mangel an Liebe in den verschiedensten Variationen von Destruktivität. Erst wenn diese verdrängten Aspekte in die Transformation gelangt sind, kann die Selbstliebe in uns spürbar werden, da die Fülle an Liebe dann eine neue Stufe erreicht hat. Hier wird das Glaubensmuster "Ich bin Liebe, die in jeder Zelle zirkuliert" in uns lebendig! Für die nachhaltige Veränderung benötigt es ausreichend Zeit, damit das neue Lebensgefühl des "Geliebt, Geborgen und Getragen Seins" immer stärker auf der zellulären Ebene spürbar wird.

Um diesen neuen Zustand optimal entfalten zu können, hat mir die göttliche Führung aufgetragen, dass ich so eine "Art Kuscheltier" beziehungsweise eine "Selbstliebe-Meditationsmatte" entwickeln soll. Dieser Aufgabe habe ich mich vor einiger Zeit gewidmet und konnte es, als es fertig war, bei einigen Klienten auf seine effektive Wirksamkeit und den vielseitigen Nutzen testen, wodurch ich bereits wertvolle und interessante Feedbacks erhalten habe.

Diese Matte birgt mehrere Funktionen in sich, welche unsere Klienten vielfach unterstützen, dass sie in Kombination mit unseren weiteren Angeboten ihr Potenzial schneller, einfacher und optimaler entfalten können, da sie das Gefühl "geliebt, geborgen und getragen sein" in ihrem eigenen Reich zuhause zu jeder Tages -und Nachtzeit erfahren und dadurch besser integrieren können.

In der MARTINEUM – Wohlfühloase steht die Selbstliebe-Meditationsmatte allen Menschen zur freien Nutzung zur Verfügung in Kombination mit anderen Relax-Varianten.

Da ich viele Jahre die Menschen liebevoll im Arm gehalten habe, steht diese Matte nun als meine „Stellvertretung" für die Stärkung und Aktivierung der emotionalen Balance allen Menschen, die ihr Potential weiter aktivieren möchten, zur Verfügung.

Ein Hängesessel für ganzheitliche Regeneration und eine Ceragem-Massageliege, zum Lösen von Rückenverspannungen, runden das Angebot der Wohlfühloase ab.

Im Sinne der Entfaltung der Selbstliebe darf ich dir kurz in Erinnerung rufen, was es bedeutet, im falschen Selbst zu leben:

Ein Mensch, welcher das Leben aus dem Ego und der Persönlichkeit heraus gestaltet, befindet sich wertneutral betrachtet im falschen Selbst, da er in der

Regel meist nach außen, auf Prestige und Image, ausgerichtet und tendenziell nicht wahrhaftig auf die göttliche Quelle, den Gott in ihm, welcher auf dem Weg zur Selbstliebe und zum wahren Selbst in ihm ins Bewusstsein gelangen möchte.

Je intensiver der Zustand "bedingungslos geliebt zu sein" integriert wurde, desto leichter ist es möglich, das Ego und die antrainierte Persönlichkeitsstruktur schrittweise zu lockern, da sich das Herz-Zentrum dann weiter geöffnet hat.
Des Weiteren wird die bedingungslose Selbstliebe im Menschen dadurch stärker aktiviert, indem im Wurzelchakra, also im Becken, die energetische Anbindung an Mutter Erde natürlich und unschuldig spürbar wird. Das Becken ist bei vielen Menschen mit Schatten und destruktiven Energien, mitunter auch Eiden, Schwüren und Gelübden überlagert, welche ebenfalls auf dieser bewegten Reise entsorgt und losgelassen werden dürfen.

Wir Menschen dürfen uns in dieser Zeit daran erinnern, dass auch wir ein kraftvoller Baum sind, welcher tiefe Wurzeln hat. Denn die Wurzeln und die Anbindung an Mutter Erde schaffen in uns ein solides Fundament, auf dem wir aufbauen können. So wie ein Haus ein gutes Fundament benötigt, ist es auch bei uns Menschen so, dass erst dann unser höchstes Licht in die volle Strahlkraft gebracht werden kann, je tiefer wir uns mit Mutter Erde verbunden fühlen.

Das Polaritätsgesetz wirkt auch hier, denn je tiefer der Mensch verwurzelt ist, desto höher kann er die Ausdehnung in den Himmel in seinem göttlichen Tempel aktivieren.

So wie bei einem Baum die Lebensenergie von den Wurzeln ganz natürlich in den Baumstamm, in die Äste und Blätter hineinfließt, so darf auch in unserem Körper (unserem göttlichen Tempel) die Lebensenergie natürlich und unschuldig fließen, damit wir uns wieder durchlässig im Kopf – im Kronenchakra – mit Vater Himmel verbinden können.

Denn alles ist mit allem verbunden, wie im Großen so im Kleinen. Wie im Grobstofflichen, so im Feinstofflichen. Es ist alles eine Wechselwirkung und möchte in uns intensiver spürbar und somit integriert werden.

Wenn wir die Energien von Vater Himmel (reine väterliche bedingungslose Liebe) und Mutter Erde (reine mütterliche bedingungslose Liebe) in uns spüren und davon genährt sind, schaffen wir die optimale Voraussetzung, dass wir die unvollkommenen Energien von den weltlichen Eltern aus unseren Zellen leichter entlassen können. Dieser Prozess wird unter anderem auch durch das Kuscheltier beziehungsweise die "Selbstliebe-Meditationsmatte" wohltuend unterstützt und begleitet.

Die alchemistischen Prinzipien, diese Erfahrungen persönlich zu erleben, ist ein großes Geschenk, welches wir hierbei annehmen dürfen. Der Baum des Lebens (Weltenbaum) wird dadurch vollständig in uns zum Leben erweckt, indem wir mit Mutter Erde und Vater Himmel wieder durchlässig, natürlich und unschuldig verbunden sind und dadurch zu einer strahlenden Sonne mutieren. Die natürliche Lebensenergie kann in jeder Zelle zirkulieren.

Die große Transformation, unser wahres Selbst wieder in uns zu intergrieren ist im Grunde die „Endphase" unserer umfangreichen Potenzialentfaltung. Denn die Basis unserer Entwicklung sind Herzöffnung und Selbstliebe.

Wenn wir in unserem Leben viele Schritte umgesetzt und über unsere wahre Berufung und das integrieren der wahren Liebe eine große und nachhaltige Reife erlangt haben, sind wir bereit, in die tieferen Schichten unseres Unterbewusstseins hinabzutauchen, um die „letzten wichtigen Korrekturen" durchführen zu können, welche noch „erforderlich" sind, um in unserer „göttlichen Authentizität" ankommen können.
Denn die „tiefsten Schatten" und das falsche Selbst entstehen in den ersten fünf Lebensjahren, wenn wir diverse „Überlebensprogramme" in uns „installieren", damit unser Leben als Kind in der Welt der Erwachsenen halbwegs „funktioniert".

Und diese Schatten sind uns im Laufe unseres Lebens so vertraut geworden, dass es sehr viel an Lebenserfahrung und Lebensreife benötigt, um diese wesentlichen „Korrekturen" durchführen zu können.

Somit baut jeder Schritt in unserer menschlichen Entwicklung auf den anderen auf und wir bräuchten als „gesunde Menschen" grundsätzlich keine Angst haben, dass uns das Leben überfordert.

Gott beziehungsweise dein höheres Selbst führt dich quasi sicher durch das Leben und die entsprechenden „Reifegrade", wenn du dich ihm anvertraut hast, ganz natürlich in Richtung deiner persönlichen „Himmelsleiter"!

Wir sind quasi wie ein Apfelbaum, wo es zuerst beim Baum ein solides Fundament benötigt mit starken Wurzeln und einer wunderbaren Krone. Schrittweise werden dann die Äpfel grün und dann auch saftig und süß!

Wie Jesus sagte, an den Früchten werdet ihr sie erkennen!

Aus dieser emotionalen und geistigen Reife das Leben zu gestalten, ist ein wahres Geschenk, welches wir uns selbst und unseren Mitmenschen im Sinne unserer wahren Berufung auf Erden machen können.

Es ist auch wichtig, dass die jüngere Generation wieder wahrlich reife Menschen an ihrer Seite hat, wo sie sich orientieren können, eine gute Perspektive für ihr eigenes Leben erhalten und die wesentliche Schritte und Zusammenhänge erkennen und verstehen können.

Wenn wir uns von Gott, über unser offenes Herz, führen lassen, dann kann alles in die göttliche Ordnung gelangen. Der Mensch findet in sein ureigenes Potenzial, erkennt sich selbst und kommt bei sich an!

Was ist mein wahres Selbst und was das mehrdimensionale Selbst

Dein wahres Selbst bist du in deinem reinen göttlichen Ausdruck, wo du dich mit der göttlichen Quelle in dir wieder vereinigt hast. In unserer Gesellschaft haben wir Menschen uns in vielen Leben verschiedene Verhaltensmuster antrainiert; wie wir zu sein haben, was wir zu tun oder zu sagen haben, was wir vermeiden wollen, was wir erstreben wollen, welche Verhaltensstrategien zum erwünschten Erfolg führen und vieles mehr.
Wie du erkennen kannst, sind das alles Ego-Strategien, um etwas im Außen zu erreichen oder zu vermeiden. Dieser Bereich ist den Erfahrungen der Dualität zuzuordnen. Diese Verhaltensstrukturen bilden sich bereits in der Kindheit aus und sind teilweise aus anderen Leben noch in der Seele abgespeichert, welche im Lauf des Lebens zum Tragen kommen.

Ich habe einmal gelesen, dass der Mensch süchtig nach dem normalen Leben in der Matrix der dritten Dimension ist, also in den alten Gewohnheiten des auf Furcht basierenden dreidimensionalen Denkens zu leben. Da wir viele tausend Jahre im dunklen Zeitalter des Kali Yuga gelebt haben, wo Angst, Mangel, Furcht, Zweifel und Sorgen vorherrschend waren, sind auch diese Verhaltensmuster bei vielen Menschen sehr präsent und in der Zeit des Wandels, wo wir uns derzeit als Menschheit befinden, gelangen diese intensiv ins Bewusstsein, damit wir sie in die Transformation bringen können. Wenn die Seele bereit ist, diese Programme zu durchschauen und diverse antrainierte Programme loszulassen, kann die höhere Frequenz des mehrdimensionalen Denkens, die bedingungslose Selbstliebe und ein Bewusstsein für das wahre Selbst geschaffen werden.
Im Lauf dieses Lebens erhielt ich in mehrere meiner vergangenen Inkarnationen näheren Einblick. Somit benötigt es wahrlich viele Inkarnationen, bis eine Seele bereit ist, die Umkehr zu Gott und zum wahren Selbst anzutreten. Doch nun, wo ich von der geistigen Welt eingeladen

wurde, diese Zeilen an dich zu richten, werden wir auch vom Kosmos mit der aktuellen Planetenstellung und von inkarnierten Engeln in unserer Potenzialentfaltung unterstützt, um das Spiel auf der Erde mehr und mehr zu durchschauen, wo viele Lügen entlarvt und die Wahrheit erkannt werden kann.

Je bewusster ein Mensch wird und sich mit den tieferen Zusammenhängen des Lebens beschäftigt, desto mehr wird ihm klar, dass es ein bewusster Akt unserer Seele war, sich in die niedrigere Frequenz der dritten Dimension als Mensch, der von Gott getrennt ist, zu verdichten. Auch Mutter Erde hat ihre Schwingung vor langer Zeit verdichtet und ist nun soweit, sich in die fünfte Dimension zu erheben. Viele Menschen haben in den vergangenen Jahren bereits ihre Schwingung erhöht, um Mutter Erde in ihrer Metamorphose zu unterstützen. In der Gesellschaft werden jegliche Überlebensprogramme in uns getriggert, um gefühlt zu werden, damit wir uns in die fünfte Dimension erheben und aus der Illusion der Trennung in die Wirklichkeit unserer eigenen Göttlichkeit erwachen. Wir dürfen die göttliche Einheit in unserem Körper wieder herstellen, den Baum des Lebens in uns fühlen und in diesem Zusammenhang die Reise zum wahren Selbst und der bedingungslosen Selbstliebe antreten, um zu sein, wer wir in Gott wahrhaftig sind.

Das wahre Selbst in uns zum Leben zu erwecken,
um zum mehrdimensionalen Selbst zurückkehren zu können,
und um die höheren Frequenzen der Wirklichkeit wahrnehmen zu können,
die mit unserer dreidimensionalen
Wahrnehmung verbunden ist.

Die Herzöffnung, Anbindung an die Intuition und das geöffnete dritte Auge sind jene Aspekte, welche in uns ebenfalls lebendig werden dürfen. So können wir unser mehrdimensionales Selbst schrittweise in unser tägliches Leben integrieren. Je mehr unsere Sehnsucht erwächst, aus dem wahren Selbst das Leben zu führen, desto leichter können wir es im Alltag wieder integrieren und es aus dieser Qualität gestalten.

Wir sind eingeladen, die Illusion der Zeit loszulassen. Denn im mehrdimensionalen Selbst sind wir wieder mit Gott verbunden und in der göttlichen Dimension gibt es keine Zeit.

Die bedingungslose Liebe, welche im Herzen im Vorfeld aktiviert wurde, ist eine wichtige Unterstützung und Voraussetzung. Denn wenn wir in der bedingungslosen Liebe verankert sind, ist das unser hohes Herz, sodass erst dann die hohen Frequenzen der Liebe optimal in uns lebendig werden und wir diese ins morphogenetische Feld einspeisen können. Wenn wir mit dem wahren und dem höheren Selbst verbunden sind, das hohe Herz der Liebe in uns lebendig ist, dann sind wir Teil der Neuen Erde.

Unser fünfdimensionaler Lichtkörper ist mit der fünfdimensionalen Neuen Erde in Resonanz und wird unser Bewusstsein darauf ausrichten. Denn die Schöpfung beginnt in den höheren Dimensionen und verdichtet sich in die niedrigeren Dimensionen der Materie. Somit gehen die höheren Dimensionen niemals verloren oder verschwinden, es ist nur von unserer persönlichen Ausrichtung abhängig, worauf wir selbst den Fokus gerichtet haben. Auf der zeitlosen Ebene der fünften Dimension gibt es keinen Anfang und kein Ende, sondern nur das EINE im JETZT.

Während wir kontinuierlich im höheren Licht verankert sind, können wir die Zeit-Thematik verlassen und uns im Jetzt der höheren Frequenzen der Wirklichkeit verankern.

Auf dieser Ebene hat der Mensch die innere Fülle umfangreich entfaltet und diese kann sich dann natürlich im Außen ausdrücken. Der Alterungsprozess wird auf dieser Bewusstseinsebene reduziert. Wichtig ist hierbei auch, die Kraft der Gedanken bewusst und gezielt einzusetzen. Da sich der Mensch hierbei in einer höheren Schwingung befindet, können sich die Dinge schneller manifestieren.

Wenn das Christusbewusstsein aktiviert wird, sind unsere Wünsche auch im Einklang mit dem großen Ganzen! Wenn ein Mensch diese Anbindung an die göttliche Quelle in sich zum Leben erweckt hat, unterstützt er viele andere Menschen in seiner Schwingungserhöhung auf der Umkehr zu Gott. Manche Menschen haben die verständliche Sehnsucht, dass Jesus wiederkommt.

Doch in dieser Zeitqualität dürfen wir den Christus in uns, also das wahre Selbst, zum Leben erwecken.

Wie Jesus gesagt hat: "Auch ihr könnt Wunder und noch viel Größere als ich vollbringen". Ich bin euer Bruder und im Licht vorausgegangen, sodass ihr euch an mir orientieren könnt.

Somit sind jene alte Seelen in dieser Zeit aufgerufen, ihr göttliches Licht in die volle Strahlkraft zu bringen, welche in vielen Inkarnationen mit Jesus Christus in enger Freundschaft verbunden waren, nun wieder miteinander zu wirken. Sie sind aufgefordert, sich zu vernetzen. Denn diese Wir-Kraft, das Potenzial der Gemeinschaft möchte in dieser Zeit wieder lebendig werden, dass wir als Brüder und Schwestern uns vernetzen, zum Wohle des großen Ganzen!

In diesem Zusammenhang darf dir hier die VISION vom Verein ENGEL DER HERZEN verlinken, wo ich die „berufenen Frauen" einlade, sich für ihre wahres Potential zu öffnen im Einklang mit dem höheren Selbst (mit der göttlichen Führung) ihr Leben auszurichten.

Link: https://engel-der-herzen.com/vision-mission

Jesus möchte, dass wir ihn an die erste Stelle in unserem Leben stellen. Doch in unserer Gesellschaft habe ich immer wieder beobachtet, dass sich viele Menschen selbst an die erste Stelle stellen wollen. Sie wollen komplett abgesichert und ohne jegliches Risiko ihr Leben gestalten. Zu viele Ängste würden dadurch angetriggert werden, was viele tunlichst vermeiden wollen. Doch was ich dabei auch beobachtet habe, wird so ein Leben in der sicheren Komfortzone, fad und langweilig, da der Esprit und die gesunde Herausforderung zu wachsen und zu reifen auf den verschiedenen Ebenen fehlt, so ähnlich, als würde das Salz in der Suppe fehlen. Doch Jesus sagte, wir sollen das Salz der Erde sein. Im Bereich der eigenen Entfaltung wird der Mensch zum „Salz der Erde". Und so ist uns Jesus auch ein Begleiter, wo unser wahrer Selbst immer mehr zum Vorschein kommen kann, denn der Mensch überwindet in der eigenen

Potenzialentfaltung quasi sich selbst, die niederen Ego-Triebe, destruktiven Glaubensmuster und unbewussten Verhaltensmuster, welche in der Kindheit geformt wurden.

Jesus kennt unser Potential viel besser als wir es selbst jemals erahnen könnten. Wir kennen einige unserer Talente, doch wir wissen nicht, welcher Potential Jesus in uns zum Leben erwecken könnte, wenn wir uns ihm anvertrauen würden.

Erst durch ein „gelebtes Leben mit Jesus" wird dir bewusst, was Gottvertrauen wahrhaftig bedeutet. Vorher ist es nur ein Lippenbekenntnis. Denn wie soll man in einem Leben, welches von Sicherheit zugepflastert ist, jemals die Erfahrung von Gottvertrauen integrieren können?

Wie Jesus sagte, was kümmert ihr euch, dass ihr etwas zu essen und zum anziehen habt. Seht ihr nicht die Vögel auf dem Feld, sie sähen nicht und ernten doch.

Doch um wieviel mehr möchte euer himmlischer Vater, der euch bedingungslos liebt, dass es euch gut geht und dass ihr mit allem versorgt seid, was ihr wirklich braucht.

So durfte ich auch die Beobachtung machen, dass manche christliche Menschen im Verstand leben und nicht im Herzen, so wie Jesus es sich für uns wünscht. Denn der Verstand will nur Sicherheit und nur unser Herz, welches mit der höchsten Quelle verbunden ist, ist offen und bereit, im Vertrauen auf die höchste Quelle das Leben auszurichten und jeden Tag mit Jesus zu beginnen.

Erst wenn wir still werden, kann Jesus uns Botschaften senden oder uns ein Gefühl ins Herz legen, damit wir verstehen, was wir an diesem Tag realisieren und umsetzen dürfen. Gott hat dich wunderbar gemacht.

Wir können nun mutig und beherzt handeln, wenn wir voller Selbstliebe sind. Das ist der Grund, warum die Stille so wertvoll ist. Weil wir nur in der Stille das Wort Gottes hören können. Wenn die Angst vor der Stille transformiert wurde, können wir die Geschenke von Gott erhalten.

Wie erkenne ich mein wahres Selbst und was hat das mit der Qualität des Scheiterns zu tun?

Mit der Thematik des wahren Selbst habe ich mich bereits als junge Frau beschäftigt. Ich dachte daher, diese Thematik längst integriert zu haben. Doch ich habe im Laufe der Zeit erkannt, dass es quasi verschiedene "Intensitätsstufen in der Entwicklungsphase zum wahren Selbst gibt".

Wenn wir unser wahres Selbst und damit einhergehend die wahre Berufung in uns zum Leben erwecken, steht unser spiritueller Name, unser Ursprungsname, damit in Verbindung. Diesen Namen habe ich schon vor längerer Zeit erhalten, als ich die Reise zu meinem "Ich-bin – Bewusstsein" angetreten bin. Dieser stand aber zu dem Zeitpunkt noch nicht in Zusammenhang zu meiner wahren Berufung.
Was noch dazu kam war, dass ich in diesem Namen, wenn ich ihn laut ausgesprochen habe, eine sehr starke und kraftvolle Energie darin gespürt habe, die zum damaligen Zeitpunkt etwas zu viel für mich war.
Durch meinen Seelenpartner Joshua habe ich einen noch tieferen Zugang zu meiner Seele erhalten, was mich unterstützt hat, das wahre Selbst in mir noch bewusster zu entfalten und mich für meinen wahren Ursprungsnamen Antara zu öffnen.

Zu Beginn unseres Kennenlernens durfte ich ihn zur Herzöffnung begleiten, sodass sich sein wahres Selbst schrittweise in Zusammenhang zu seiner wahren Berufung gezeigt hat. Ihn zu seiner Herzöffnung zu begleiten, war wie ein Geburtsprozess, wo er ebenfalls einen tieferen Zugang zu seiner Seele erhielt und sein wahres Selbst bereits teilweise geboren werden konnte. Im Lauf der Zeit zeigte sich auch sein spiritueller Ursprungsname, welcher mit seiner Berufung, Menschen zum wahren Selbst und zu ihrer Berufung zu begleiten, verknüpft ist, der Joshua lauten sollte.
Viele Menschen sind konditioniert, an dem erlernten Beruf, den gewohnten Umständen und der Persönlichkeit festzuhalten, haben Angst, etwas zu verlieren und Angst vor einer Veränderung der vertrauten Lebensumstände.

Und der Umkehrprozess zum wahren Selbst ist eben mit der Entfaltung der
wahren Berufung verknüpft, wo wir eingeladen werden, noch etwas tiefer in
unsere "Wahrhaftigkeit" hinab zu tauchen, damit sich unsere wahre Identität
schrittweise in dieser Zeit offenbaren kann.

Je umfangreicher wir die wahre Selbstliebe in uns zum Leben erwecken,
desto stärker ist das auch mit der Reise zur wahren Liebe verknüpft. Die
Reise zum wahren Selbst ist auch mit der Sehnsucht nach der eigenen
Wahrhaftigkeit und der Sehnsucht, die Authentizität und Herrlichkeit der
Seele spüren zu können, verbunden.

Dieser tiefe Findungsprozess ist die Einladung unserer Seele, unsere wahre
Größe immer mehr anzunehmen und uns dafür zu öffnen.

Auch unser Freund Jesus hat aus seinem wahren Selbst gelebt und das
Wissen um die wahre Liebe zu uns Menschen gebracht. Denn mit der Liebe
sollt ihr euch bekleiden hieß es in einer der Lesungen, die ich kürzlich gehört
habe.

Viele dieser ausdrucksstarken Formulierungen dürfen wir heute näher
erforschen, verstehen und integrieren.

Unser wahres Selbst erkennen wir also, wenn wir zuerst die Reise zur
Herzöffnung und Selbstliebe antreten, dann uns für unsere wahre Berufung
öffnen und das Ego loslassen. Dadurch findet bereits eine umfangreiche
Reise zu dir SELBST statt. Du wirst ehrlich und wahrhaftig mit dir, du lernst
dich zu reflektieren und kommst dir dadurch selbst immer näher, weil du
immer mehr Schichten von dem was du nicht bist, loslässt und freigibst.
Wie eine Zwiebelschale von außen nach innen. Und wenn du fühlst, dass
dein Herz zu hundert Prozent offen ist, dann bist du bereit dich nocht tiefer zu
reflektieren. Oder vielleicht kommt ein Mensch in dein Leben, der dich
anstubst und dir deine verdrängten Schatten spiegelt, welche in dir noch
unerlöst sind. Dann weißt du, dass du reif bist, in dein Unterbewusstsein
abzutauchen und jegliche verdrängten Schatten aus den hintersten Winkeln
ans Tageslicht zu bringen. Das ist ein Zeichen, dass du bereit bist, dich für
dein wahres Selbst zu öffnen, der Mensch zu sein, als der du gedacht warst,

bevor die Verhaltensmuster deiner Kindheit dich in die Blockade geführt
haben und die Überlebensmechanismen im Gehirn.
Genau so habe ich es in der Interaktion mit meinem Seelenpartner erfahren.
Meine Seele war maximal offen und bereit sich tiefergehend zu reflektieren,
als er in mein Leben getreten ist.
Es bedarf also auch ein hohes Maß an Verantwortungsbewusstsein, dass wir
in dem „angetriggert werden" nicht in die Opferrolle fallen, sondern immer die
Eigenverantwortung dabei behalten und aus jeder Situation den Schatz in
der Dunkelheit finden.

Natürlich begleite ich auch Menschen zum wahren Selbst, wenn sie diese
Entwicklungsstufe erreicht haben und bereit sind, ihre verdrängten Schatten
zu erlösen! Dieser Mut wird belohnt. Denn es erschließt sich dadurch immer
mehr die Reinheit unserer Seele!

In dem Zusammenhang darf ich dir die Apsekte Krise als Chance und
Qualität des Scheiterns auch noch etwas näher bringen.

Wir Menschen sind in unserer Gesellschaft sehr auf Gewinnen, Leistung und
einem beständig guten Prestige und Image ausgerichtet. Wir wollen immer
zeigen, dass wir alle Probleme lösen und uns stets beruflich und privat zu
neuen Höhenflügen aufschwingen können. Wir sind es gewohnt, zu kämpfen,
um tunlichst keine Niederlagen einstecken zu müssen.
Und wenn es zu einer Niederlage kommt, sind entweder andere schuld oder
unser Karma holt uns ein.

Aus eigener Lebenserfahrungen kann ich sagen:
Habe keine Angst vor Krisen. Lerne die Erfahrung des Scheiterns
wahrzunehmen und nicht zu verdrängen oder schönzureden. Begib dich in
die Adlerperspektive und erkenne die Geschenke, die in der jeweiligen
Lebenserfahrung verborgen sind.
Die göttliche Quelle möchte dir dadurch mitteilen:

Wir laden dich nun ein, loszulassen.
Kannst du das verstehen und auch annehmen?
Kannst du dich mir / uns anvertrauen?

Kannst du auch hier erkennen, dass ich dich liebe und das Beste für dich möchte, auch wenn du derzeit einen schmerzlichen Verlust erleidest?
Kannst du die göttliche Weisheit und die tieferen Zusammenhänge darin erkennen?
Kannst du dein eigenes Ego erkennen und verstehst du auch, dass wir, gemäß deines Seelenplans, genauso eingreifen mussten, damit sich deine Seele optimal weiter entfalten kann?
Denn du hast dir viel für dieses Leben vorgenommen.

Wir kennen dich gut, sodass du dich uns anvertrauen kannst.
Wenn du dein Ego nun loslässt, können wir dir neue Türen öffnen, welche dir dein weiteres Potenzial erschließen.

Wir führen dich zu hilfreichen Menschen, mit denen du ebenfalls einen Seelenvertrag geschlossen hast. Dieser möchte sich erfüllen, geliebtes Kind. Darum vertraue dich uns, deiner göttlichen Führung, an.

Jeden Tag und jede Minute deines Lebens bist du in der Hand Gottes unendlich geliebt, geborgen und getragen.

In meinem Leben gab es somit auch mehrere Wegkreuzungen, wo ich das Loslassen von Menschen, Orten und Situationen umfangreich erfahren habe. Aus diesen Lebenserfahrungen kann ich dir mitteilen:

Geliebte Seele: Das Leben ist auf seine Art gerecht.

Es fügt uns nie Schmerz zu, ohne dass es neue Türen für uns öffnet.
Es lässt uns nie einen schmerzlichen Verlust erleiden, ohne dass wir im Anschluss etwas noch Wertvolleres dafür erhalten.
Es lässt nie unser Herz zerbrechen, ohne dass es für uns ein neues Liebespotenzial erschließen möchte.

Jeder Schmerz, jedes Aufbrechen unseres Herzens, jeder Verlust, jede herausfordernde Veränderung, jede Niederlage, jeder Liebeskummer, jede unerfüllte Sehnsucht, … welche unsere Herzen im Lauf der Zeit immer weicher und uns immer demütiger, sensitiver, durchlässiger und offener werden lassen, sind in Wirklichkeit ein Geschenk für unsere dazugewonnene Menschlichkeit, unser tiefes Mitgefühl, unsere Achtsamkeit vor dem Leben, unser Wachsein für den gegenwärtigen Augenblick, unseren geistigen Weitblick und bergen das Potenzial in sich, uns zur Umkehr, zum wahren Selbst, zur wahren Liebe, zur wahren Berufung und zur Wahrhaftigkeit unserer Seele zu führen.

Atme nun einige male tief durch und lasse diese Worte in deiner Seele nachklingen! Beobachte dich, inwieweit sich ein innerer Widerstand und verschiedene Emotionen zeigen!
Gebe ihnen Raum und drücke sie angemessen und bewusst aus.
Die geistige Reife der Selbsterkenntnis erlangen wir, wenn wir die jeweiligen Geschenke in den schwersten emotionalen Herausforderungen finden, erkennen und annehmen können.

Wenn wir Menschen begleiten, werden im Zuge der Aktivierung der Selbstliebe die Schatten-Erfahrungen des Lebens chronologisch aufgeschrieben, wie bereits an einer anderen Stelle mitgeteilt. Im gemeinsamen Reflektieren und in der Begleitung dürfen wir Menschen die wichtigsten Erkenntnisse für unser emotionales, spirituelles und seelisches Wachstum erkennen und tief in der Seele verstehen.

Jede Krise ist ein Geschenk des Erwachens zu unserem unendlich umfangreichen Potenzial, welches in uns Menschen schlummert und von Gott in uns angelegt wurde.

Es wird nicht in der gemütlichen Komfortzone aktiviert, sondern erst, wenn wir es zulassen, dass der raue Wind des Lebens uns in der Tiefe der Seele berühren und aufrütteln darf. Es ist wie ein alchemistischer Prozess, wo aus Kohle im Lauf der Zeit der Diamant heraus strahlt, wenn alle Ebenen in uns richtig "poliert und gereinigt" worden sind.

Wesentlich dabei ist immer, auf das geistig-seelische Wachstum zu blicken und offen zu sein, wie das Leben durch uns in weiterer Folge wirken möchte. Wenn man es auf einer tieferliegenden Ebene beleuchtet, bricht im Grunde nur das Unwesentliche weg, damit das Wesentliche zum Vorschein kommen kann. Es gibt im sogenannten Scheitern, also der Nicht-Erfüllung unserer erwarteten Bedürfnisse und Vorstellungen, sehr wertvolle Ergebnisse auf der geistigen Ebene, wenn wir die richtigen Schlüsse und die entscheidenden Schritte daraus für unser Leben ableiten, was essenziell für die eigene Entwicklung und Potenzialentfaltung ist.

Wenn uns das Leben immer wieder einlädt, etwas für uns Wertvolles und diverse Erwartungen immer wieder loszulassen, werden wir dabei aufgefordert, den Fokus auf neue Ebenen auszurichten.

Je öfter wir vom Leben dazu eingeladen werden, desto wertvollere Geschenke stehen für uns bereit. Die wahren Geschenke sind nicht im Außen zu finden, sondern das wahre Geschenk sind wir selbst, ist die konsequente Anbindung an die göttliche Quelle und die Reise zum wahren Selbst, zur Liebe und zum Licht in uns, welches wir sind.

Denn Gott ist Liebe. Liebe ist Gott.
Wie Johannes bereits sagte: "Gott ist Liebe. Wer in der Liebe bleibt, der bleibt in Gott und Gott bleibt in ihm."

Es gilt also, bei allen schmerzhaften Geschenken die Reise immer weiter zur Liebe anzutreten und stets das gigantische Potenzial im Auge zu behalten,

welches tief in unserer Seele schlummert und zum Leben erweckt werden
möchte. So wird die Seele offen und bereit, den größten Schatz in sich selbst
zu bergen, der zu sein, der wir in Gott wahrhaftig sind!
Die Schattenerfahrungen und das sogenannte Scheitern haben also im
Leben eine wichtige Bedeutung für die Entfaltung des eigenen Lichtes.
Gerade schwere Schicksalsschläge tragen das Potenzial in sich, das höchste
Licht in sich zum Leben zu erwecken, wenn wir offen und bereit sind, an den
Herausforderungen des Lebens zu wachsen.

Wenn das Leben ganz gemütlich und lauwarm in der Komfortzone gelebt
wird, ohne Tiefen und Herausforderungen, dann findet im Menschen in der
Regel keine markante Entwicklung statt.

Kannst du hier die Polaritäten des Lebens spüren und erkennen?

Es gilt somit das Urvertrauen ins Leben zu stärken und die bedingungslose
Liebe in sich lebendig werden zu lassen. So können wir dem Leben offen
begegnen und die Schätze bergen, die es für uns vorgesehen hat.

Hier passen folgende Selbstliebe Affirmationen als Ergänzung:

Das Leben liebt mich und möchte stets das Beste für mich.
Ich bin offen und vertraue mich der Intelligenz meiner Seele an und allen
Erfahrungen, welche für meine höchste Potenzialentfaltung wesentlich sind.
Ich bin offen und bereit, das höchste Potenzial in mir zur Entfaltung zu
bringen.
Ich lasse alle Selbstsabotage-Programme los und vertraue mich der
unendlichen Weisheit des Lebens an.

Ich darf dir nun meine Erfahrungen von der Aktivierung des wahren Selbst
mitteilen:
Als ich die verschiedenen Aspekte des Enneagramm reflektierte, merkte ich,

welche Verhaltensmuster ich mir antrainiert habe.
Im Zuge meines Scheiterns durfte ich erkennen, dass
es ein Geschenk ist, wenn man von den auferlegten Zwängen seiner eigenen
Verhaltensmuster befreit wird.
Es wurde mir bewusst, dass ein Mensch noch so sehr in seinem spirituellen
Erwachen gereift sein kann, aber dennoch in den destruktiven
Verhaltensmuster seiner Kindheit gefangen sein kann.

So hat mich Joshua im Sommer 2020 eingeladen, mich bei meiner Umkehr
zum wahren Selbst zu begleiten, wodurch mir meine, in der Kindheit
auferlegten Schutzschilde, bewusst wurden und ich diese schrittweise
loslassen konnte. Die antrainierten Verhaltensmuster unserer Kindheit sind
mit unserer Persönlichkeit verknüpft. Somit bedarf es hierbei der
Unterstützung und den Blick von außen, da wir uns erst dadurch von den
auferlegten Strukturen wirklich befreien können.

Durch diese Erfahrungen und das Loslassen der Verhaltensmuster entstand
bei mir im Lauf der Zeit eine erweiterte Herzöffnung, welche ich als sehr
intensiv empfunden habe.
Auch hier habe ich das Polaritätsgesetz entdeckt, denn je tiefer wir in die
tiefen Schluchten unserer Seele abtauchen, desto besser können wir uns
von den auferlegten Schutzschilden befreien und desto heller bringen wir das
Licht in uns zu leuchten.

Jegliche Erfahrungen des Scheiterns oder der herausfordernden
Veränderungen im Leben sind wertvoll, da wir erst dann erkennen, wo uns
das Leben wirklich hinführen möchte und dass es uns an jeder Wegkreuzung
aufs Neue einlädt, das Ego loszulassen, welches glaubt, den Weg zu
kennen. Es bedarf der kompletten Hingabe an das Leben und dem Ur-
Vertrauen, dass unser Leben stets von oben geführt ist, damit wir die Reise
nach Hause wieder antreten und ganz bei uns selbst ankommen können.

Es gibt somit einen Seelenplan für unser Leben.

Je bewusster eine Seele ist, desto umfangreicher möchte sie das lichtvolle Potenzial im Leben zur Entfaltung bringen und die Verbindung zu Gott umfangreich spüren und die wahre Bestimmung leben. Es ist quasi der natürliche Fluss der Evolution, dass wir im wahren Selbst, im Christusbewusstsein wieder zu unserer göttlichen Identität zurückkehren und uns darin verankern.

Für manche Menschen braucht es oft auch die Erfahrung der starken Distanz zur eigenen Göttlichkeit. Wenn sich ein Mensch sehr lange und intensiv in der ego-basierten Welt verstrickt hat, desto größer wächst im Lauf der Zeit seine Sehnsucht, die Anbindung an sein wahres Selbst wieder in sich spüren und daraus sein Leben gestalten zu wollen.

Jede Erfahrung im Universum hat seine Zeit.

Jene Zeit, um sich im Ego zu verlieren und jene Entwicklungsphase, um sich wiederzufinden und die Rückkehr zum wahren Selbst anzutreten.

Wesentlich ist, dass ein Mensch im Laufe seines Lebens die wirklich wichtigen Prioritäten erkennt.

Denn die Erde ist wie eine Schule, wo wir die wichtigen Lektionen lernen dürfen und uns im Laufe der Zeit auf unseren Schöpfer besinnen sollten.

Denn von ihm geht der ganze Prozess unseres Mensch – Seins hier aus.

Wir haben uns von ihm getrennt und die Erde dient uns als Erinnerung, wieder zu ihm und zur göttlichen Liebe zurück zu kehren.

Unser Schmerz der Trennung ist daher der Wegweiser zurück zu unserem Schöpfer!

Jesus hat die wahre Macht und Kraft und wir sind eingeladen, seinem Ruf zu folgen!

So erfüllt sich unsere Bestimmung hier als Mensch!

Er hat den Überblick über unser Leben und er weiß, was für uns das Beste ist. Wir vertrauen uns Gott an und er führt uns zu unserem höchsten Potenzial über unser offenes Herz!

Wie ist der Unterschied zwischen dem falschen Selbst und wahren Selbst?

Sich in den gängigen gesellschaftlichen Normen zu bewegen und im Funktionieren der dritten Dimension der Matrix gefangen zu sein, wo wir als Menschen unsere Lebenserfahrungen sammeln dürfen, kann man auch als das Leben im falschen Selbst bezeichnen. Es gilt festzuhalten, dass es sich hier nicht um eine Bewertung von gut oder schlecht handelt, sondern nur der Unterscheidung dienen soll.

Der Weg zum wahren Selbst ist es, die gesellschaftlichen Normen zu hinterfragen und die 3D-Matrix schrittweise hinter sich zu lassen, um die Reise zur eigenen Wahrhaftigkeit und göttlichen Identität antreten zu können. Je mehr sich uns das wahre Selbst erschließt, desto besser können wir die eigene Berufung erkennen, der zu sein, der wir in Gott wahrhaftig sind und uns dafür öffnen, an jenem Platz wirken, so wie es sich in Einklang mit dem Seelenplan befindet. Oft bedarf es, wie bereits im vorherigen Kapitel beschrieben, diverser Herausforderungen, sodass erst dann die entsprechende Motivation in unserer Seele aktiviert wird, den nächsten Entwicklungsschritt in unserem evolutiven Prozess zu realisieren.

So wie wir uns tief mit dem menschlichen Sein verbunden und teilweise verstrickt haben, so dürfen wir auf der Reise zum wahren Selbst jegliche Verstrickungen und Anhaftungen wieder auflösen, welche uns in einer niedrigen Schwingung festgehalten haben. Je mehr ein Mensch sein wahres Selbst zum Leben erweckt hat, desto besser ist er wieder an die göttliche sprudelnde Quelle angeschlossen und drückt das auch mit den Worten und der Sprache aus.

Wenn wir emotional nicht mehr angetriggert werden und in unserer reinen Essenz erstrahlen, aus uns selbst heraus genährt sind, spiegelt sich das auch im Umfeld wider und ist eine echte Wohltat für ein wertschätzendes Miteinander.

Somit finde ich es für jede Partnerschaft wesentlich, dass beide eine tiefe Reinigung und somit die Reise zum wahren Selbst für sich selbst umgesetzt und integriert haben.

Denn zwei Menschen, die beide tief in ihre Seele abgetaucht sind und ihr Herz-Zentrum weiter aktiviert haben, diverse Wunden in die Transformation gelangt sind und echte Liebesfähigkeit zum Leben erweckt wurde, sind wechselseitig wahrlich ein Geschenk füreinander.

Es kann auch vorkommen, dass Menschen nur schrittweise ihre Entwicklung zur tiefgreifenden Heilung des Herzens umsetzen können. Das ist dann der Fall, wenn sie sich das ganze Leben im außen verstrickt haben und nur langsam die Reise zu sich selbst und ihrer Wahrhaftigkeit antreten können.

So bedarf es vom Umfeld ausreichend Geduld, Mitgefühl und Verständnis, dass dieser Mensch noch weitere Zeitfenster für die eigene Heilwerdung benötigt, da noch Traumata vorhanden sind, welche den Menschen im Verdrängungsmodus verharren lassen.

Im nächsten Kapitel gehe ich auf die Thematik Ankommen bei Dir ein, was für eine erfüllte Partnerschaft wesentlich ist, damit sie sich in ihrer vollen Pracht entfalten kann.

Hier der Link zu einem Webinar für die Reise zur erfüllten Partnerschaft der neuen Zeit und zur Neuen Liebeskultur:

https://www.youtube.com/watch?v=5ACn6C6jlnw&list=PLYQG9YgjXhLQU2bYsTMtoUlnnkE_7BlZY&index=49

Video-Link zur neuen Liebes – und Unternehmenskultur:
https://www.youtube.com/watch?v=khcgRZRj2PU&list=PLYQG9YgjXhLQU2bYsTMtoUlnnkE_7BlZY&index=1

Selbstliebe und wahres Selbst – Ankommen bei dir

In all den Jahren, in denen ich mich kontinuierlich weiter entwickelt habe, war des öfteren ein Gefühl des Angekommen Seins spürbar. Des Weiteren habe ich in unserer Gesellschaft gespürt, dass die Thematik des "bei sich Ankommen" viele Menschen beschäftigt. Es dürfen hier also verschiedene Stufen berücksichtigt werden.

Wie bereits erläutert, ist der Weg zur wahren Selbstliebe auf der seelischen Ebene umsetzbar, wenn wir bereit sind, tief zu den Schatten der Seele hinabzutauchen, wodurch die Selbstheilung aktiviert wird. In diese tiefen Abgründe gelangen wir nur, wenn die in der Kindheit aufgebauten Schutzschilde schmelzen dürfen und auf dieser heilsamen Reise das wahre Selbst immer mehr zum Vorschein kommt.
Wichtig ist es, sich gänzlich frei von Bewertungen zu machen, denn erst so können die tieferen Schichten der Herzöffnung und Selbstheilung erreicht werden. Ein tiefes Ankommen ist bei uns selbst erst wirklich möglich, wenn wir die tiefsten Traumata in uns in die Heilung gebracht haben und dadurch ein tiefer innerer Friede und die Fülle an Liebe umfangreich spürbar wird.

Dieses Ankommen impliziert auch, dass wir die energetische Verbindung von unserem Becken (Anbindung an Mutter Erde) zum Herzen, bis zur spirituellen Ebene (Anbindung an Vater Himmel) kraftvoll, frei, natürlich und unschuldig in uns aktivieren und erst so das Mysterium unserer Lebensenergie und dadurch die ganzheitliche Fülle (Christusbewusstsein) in unserem göttlichen Tempel wieder integrieren können. Das heißt in weiterer Folge auch, dass wir die weiblichen und männlichen Anteile in uns energetisch verbunden haben und so erst wirklich aus uns selbst heraus genährt sind.
Je mehr Mangel an Liebe wir emotional in die Fülle bringen, desto mehr gelangt das innere Kind in uns in die Heilung. Alles ist mit allem verbunden.

Wenn die Konflikte der Vater- und Mutter-Themen in uns in die Transformation gelangen, können wir die reine väterliche und mütterliche Energie in uns spüren. In dem Zusammenhang kann die Sehnsucht nach Familie im Außen, durch das Aktivieren der energetischen Aspekte in puncto Familie in uns selbst gestillt und dadurch integriert werden, wenn wir die väterliche und mütterliche Energie in uns selbst integriert haben. Des Weiteren werden in dieser Zeit auch immer mehr Menschen aus einer gleichen Seelenfamilie zusammengeführt – jene Seelen, welche das Christusbewusstsein in sich tragen und gemeinsam ihre Berufung leben und entfalten dürfen.

Jeder Mensch trägt den göttlichen Funken, das Christusbewusstsein, in sich. Somit ist die jetzige Zeitqualität die Einladung, dass es viele Menschen in sich zum Leben erwecken, wodurch sich die Spreu vom Weizen immer mehr trennen wird.
Je weiter wir uns auf die mystische Reise der Aufarbeitung unserer ganzen Lebensgeschichte und den zentralen Geschenken für uns machen, desto mehr gelangt unser wahres Selbst zum Vorschein. Unsere zentrale Bestimmung als Mensch ist es, die Seins-Ebene und Anbindung zur göttlichen Quelle in uns zu etablieren, um in unserer Essenz wirksam werden zu können.

Wie du nun erkennen kannst, entschlüsselt sich mit dem Aktivieren der bedingungslosen Selbstliebe, Selbstheilung und Herzöffnung das wahre Selbst immer mehr.

Je weiter ein Mensch die Reise zu sich selbst weiter umsetzt, desto mehr entfaltet sich die gänzliche Fülle an Liebe, die wir selbst sind. So offenbart sich dann auch der Weg zur neuen Liebeskultur, die Fülle des Lebens auf allen Ebenen wahrnehmen zu können.

Wie Selbstliebe in Zusammenhang mit dem inneren Kind und mit erfüllter Partnerschaft steht

Wenn sich die wahre Selbstliebe entfaltet, ist es auch ein Zeichen, dass die "Inneren-Kind-Themen" in die Heilung gebracht worden sind. Wenn die eigenen Traumata nicht aufgearbeitet wurden, klammern viele an einer nicht mehr funktionierenden Beziehung fest.

Das heißt, manche Menschen führen nur mehr zum Schein nach außen ihre Partnerschaft. Hier kommt der Mangel an Selbstliebe zum Tragen, da viele nie gelernt haben, das Leben allein glücklich und erfüllt zu gestalten, sondern immer vom äußeren Umfeld und von Anerkennung, Aufmerksamkeit und Zuwendung abhängig waren.
Des Weiteren wollen viele Menschen vermeiden, sich mit sich selbst und den eigenen Unzulänglichkeiten zu beschäftigen und haben Angst vor dem Alleinsein und der einhergehenden Veränderung.
In Partnerschaften spiegeln sich oft die nicht aufgearbeiteten "Inneres-Kind-Themen", welche sich in den Verhaltensmustern des Klammerns und der Besitzansprüche zeigen, wodurch Konflikte oder Fremdgehen oft die natürliche Folge sind.

Sobald der Mensch Selbstliebe, Selbstwert, Herzöffnung und Selbstheilung in sich aktiviert hat, kann sich eine erfüllte Partnerschaft im Sinne der Resonanz im Außen zeigen.
Der Urschmerz, einsam und verlassen zu sein, darf hierbei auch in jeder Seele in die Heilung gelangen. Je mehr sich unser Bewusstsein erweitert, desto mehr erkennen wir, dass das "alleinstehende Ich" eine Illusion ist. Zum einen dürfen wir erkennen, dass wir mit allen Menschen, die wir kennen, "energetisch" in Verbindung stehen und zum anderen bilden wir als Menschheit, im Sinne der göttlichen Einheit, ein kosmisches Ganzes.

Doch aus psychologischer Sicht hat dieser Schmerz sehr wohl seine Berechtigung. Denn auch diese Emotion stammt aus der Kindheit oder aus vergangenen Leben. Je mehr wir das Traumata "einsam und verlassen sein" aus diesem und anderen Leben akzeptieren, annehmen und auflösen, desto mehr können wir die All-Liebe, die uns umgibt, spüren und unseren Fokus leichter auf die Allverbundenheit richten.

Spätestens, wenn sich ein Mensch aus der Matrix erhebt, kann er die Liebe der Allverbundenheit spüren, denn in Wahrheit sind wir Lichtwesen, die sich einen stofflichen Körper zugelegt haben, um die Erfahrungen des Mensch-Seins in jeder Variante spüren zu können.

Jeder Mensch hat zudem viele Begleiter aus der geistigen Welt um sich herum geschart und darf sich eines liebenden Gottes sicher sein. Wenn im Umkehrprozess zum wahren Selbst alle Schutzschilde in uns schmelzen dürfen, entsteht ein befreiendes Gefühl der Allverbundenheit. Wenn all unsere Wunden heilen dürfen, kann das innere Kind in uns lebendig werden. Je mehr unsere Seele heilt, desto mehr entsteht in uns das Gefühl des "Geheiligt Seins". Das mag vielleicht etwas pathetisch klingen, doch wenn wir es wertneutral betrachten, führt uns die Reise der eigenen Heilwerdung auf dem Weg zur "Heiligkeit".

Wenn das Feld der Liebe in einem Menschen umfangreich entfaltet wurde, teils von Außen, durch die persönliche Erfahrung "geliebt, geborgen und getragen zu sein" und teils durch die innere, energetische Entfaltung, wenn die Körper-, Geist- und Seele-Verbindung im göttlichen Tempel wieder spürbar wird, ist es das größte Geschenk, welches sich der Mensch selbst in einer Inkarnation machen kann, das ganze Mysterium Liebe in sich zu manifestieren. Wenn Menschen in ihrem wahren Selbst angekommen sind, sind sie somit mit der göttlichen Vater-Mutter-Quelle wieder verbunden.

Für viele Menschen ist es in dieser Zeit essenziell, dass sie ihre wahre Berufung finden und entfalten, damit sie am Beginn der neuen Zeit auf den für sie göttlich vorherbestimmten Platz stehen und wirken können. Die eigene

Entfaltung ist wesentlich, da erst mit dem Aktivieren der wahren Berufung oft erst die entsprechenden Seelenpartner von der geistigen Ebene zusammengeführt werden. Es dürfen zuvor in einem Menschen alle Bausteine in die göttliche Ordnung gelangen, damit sich dann eine erfüllte Partnerschaft entfalten kann. Alles baut aufeinander auf.

Die Partnerschaften der Neuen Zeit nennt man auch Seelenpartner-Verbindungen.
Diese Partner kennen sich bereits aus vergangenen Leben und sie sind durch ein energetisches Band miteinander verbunden, welches beide spüren. Deswegen sind diese Partnerschaften emotional oft herausfordernd, da man auch in den Phasen der Trennung viele Emotionen vom Gegenüber wahrnimmt. Die energetische Verbundenheit, die Verbindung zu spüren und dennoch nicht zusammen sein zu können, ist für viele sehr schmerzhaft. Doch in den Zeiten des Getrennt Seins geht es eben um den eigenen Heilungs- und Aufstiegsprozess in die fünfte Dimension.

Vor der Inkarnation haben beide vereinbart, sich die Schatten der Kindheit aufzuzeigen, damit diese in die Transformation gelangen können. Somit ist eine Spiegelung vom geliebten Gegenüber immer ein Geschenk, wenn wir bereits gelernt haben, die Bewertungen loszulassen und tiefer in die eigene Seele zu blicken.
Aus eigenen Erfahrungen weiß ich, dass uns diese Themen meist des Öfteren gespiegelt werden, solange, bis wir wirklich bereit sind, bis an die tiefste Stelle unserer Seele hinabzutauchen, damit unser langjähriger Schmerz in unserer Seele heilen kann. Auch hierbei ist die Hingabe an Gott und der Glaube an die Kraft der göttlichen Verwandlung hilfreich. Wenn man denkt, dass die eigene Herzöffnung schon sehr weit fortgeschritten sei, wird man vom Leben manchmal eines besseren "belehrt".
Unsere Seele kann erst in den ersehnten inneren Frieden gelangen, wenn wir jegliche Schmerzen aus der Kindheit in uns erlöst haben.

In diesem Sinne bin ich froh und dankbar, dass mir Jesus den Auftrag erteilte, ein Therapiekonzept zu erstellen.

Denn viele Menschen wissen nicht, wie sie die Selbstliebe aktivieren oder die Schatten der Kindheit nachhaltig auflösen können.

Und mit meinem Konzept können sie wohltuend, lösungsorientiert und effektiv die ersehnte Veränderung der Transformation aktivieren, herbeiführen und das neue Lebensgefühl in ihren Zellen abspeichern. Jene Frauen, welchen ich mein Wissen und das Therapiekonzept weitergebe, können sich im Verein Engel der Herzen eine eigene Existenz aufbauen und ihre Berufung zur Blüte bringen.

Wenn Frau ihre wahre Berufung lebt und ihre Eigenverantwortung in jedem Bereich des Lebens annimmt, dann erhält ihre Partnerschaft eine neue Qualität. Es entsteht Wachstum zwischen beiden.

Auf der Vereins-Seite Engel der Herzen sind auch noch Projektunterlagen beigefügt (Starke Frauen – Starkes Land – Frauenleben 2030), wo du zum einen weitere Information über das Therapiekonzept erhältst und wenn du weiter nach unten scrollst erläutere ich alle wertvollen Bereiche, wie gut sich eine Partnerschaft entwickelt, wenn sich die Frau für ihre wahre Berufung öffnet.

Denn wenn sie in ihre ganzheitliche Balance findet, dann hat sich auch Resonanz zu einem Partner im außen, der ihr diese Balance spiegelt beziehungsweise der aktuelle Partner darf sich in diese Richtung weiter entwickeln.

Wenn die Liebe stark genug ist, dann ist auch ausreichend Motivation vorhanden, diese Schritte zu gehen.

Wenn wir erkennen, dass jede Lebenserfahrung einen Sinn im Puzzle unseres Lebens hat, lösen sich langjährige innere Widerstände auf, und das Annehmen des Lebens mit all seinen Geschenken wird spürbar.

Wenn alle Puzzleteile miteinander verbunden werden und die Heilung im Inneren spürbar wird, wir uns selbst als ein Ganzes wahrnehmen, kann sich die Harmonie der Seele ganz natürlich in der heilsamen Verbindung und erfüllten Partnerschaft zeigen.

Wenn Frau und Mann die wahre Selbstliebe und das wahre Selbst in sich zum Leben erwecken, strahlt dieses Paar ein kraftvolles Licht aus.

Ohne Selbstliebe keine Beziehung und keine Nächstenliebe

Menschen, welche einen Mangel an Selbstliebe haben, leben natürlich auch mit anderen Menschen in Beziehungen zusammen. Nur wird der Mangel an Selbstliebe und echter Nächstenliebe im zwischenmenschlichen Bereich oft mit Egoismus kompensiert, auf den eigenen Vorteil bedacht zu sein. Die Alternative dazu ist, im alten Rollenbild des Aufopferns gefangen zu sein, um sich der Liebe im Außen sicher zu fühlen.

Diverse Verhaltensmuster wie "Ich muss viel leisten, um geliebt zu werden" oder "Ich muss mich komplett für andere aufopfern, um geliebt zu werden und um die erwünschte Aufmerksamkeit zu erhalten" sind die Glaubensmuster, die sich dahinter verbergen.

Wichtig in dem Zusammenhang ist auch den eigenen Selbstwert und die eigenen Selbstsabotage-Programme genauer zu beleuchten. Wann macht sich ein Mensch selbst zum Opfer der Umstände? Wenn er nie gelernt hat, nein zu sagen und keine Grenzen kennt.

In der Partnerschaft zeigt der Partner immer die eigenen ungelösten Aspekte auf, welche in uns in die Heilung gelangen möchten. Je offener sich die emotionale Herzebene entfaltet und die Verantwortung für die eigenen Schatten übernommen wird, desto liebevoller können sich unsere Beziehungen entfalten. Wenn ein Mensch emotional verschlossen und verpanzert ist, sind jegliche Schatten wie Wut, Groll, Schmerz, Trauer und Aggression in ihm unerlöste Emotionen, die in Stress-Situationen angetriggert werden.

Somit sind in Partnerschaften, wo sich viele Schatten im verdrängten Bereich befinden, sehr herausfordernd, da Vorwürfe und Schuldgefühle wie ein Pingpong zwischen den Personen hin und her schwanken. Partnerschaften dienen grundsätzlich zur weiteren Bewusstwerdung und sind uns ein wertvoller Spiegel für die Selbstreflexion, damit wir uns selbst besser wahrnehmen und kennenlernen können! Das heißt, in vielen Beziehungen herrscht oft die Verstandes-Ebene vor, eine Kosten-Nutzen-Rechnung, welchen Aufwand investiere ich in die Beziehung und was erhalte ich dafür als Gegenleistung. Menschen benötigen in der Regel viele Herausforderungen, bis sie sich emotional tiefer und umfangreicher für sich selbst öffnen.

In Beziehungen, wo die Selbstliebe nicht lebendig ist, werden Kindheitsthemen sehr lange unter den Teppich gekehrt. Viele Menschen wollen ihre eigenen Grundbedürfnisse damit befriedigen, wie etwa einfach froh zu sein, dass man einen Partner hat, um nicht allein zu sein oder sich einsam zu fühlen. Die Sicherheit zu haben, es ist jemand da, ist für viele Menschen schon ausreichend.
Des Weiteren klammern viele Menschen lange an nicht mehr funktionierenden Partnerschaften fest, da man noch gemeinsam für die Kinder zu sorgen hat und sich viele noch in Abhängigkeiten befinden.

Oft geht die Lernaufgabe, das Leben für sich selbst glücklich und erfüllt zu gestalten und auszurichten, erst mit einem Trennungsprozess einher. In vielen Beziehungen ist der ganzheitliche Energiefluss im eigenen Körper meist noch wenig zu spüren, wodurch die Liebe in sich und zu sich selbst noch nicht so bewusst wahrgenommen wird. Sexualität wird teilweise als Mittel zum Zweck, also für die eigene Befriedigung genützt. Wenn in solchen Beziehungen dann noch das Ego dominiert und die Vereinigung nicht zur ganzheitlichen Erfüllung gelangt, fühlt sich meist einer zum Fremdgehen gezwungen, da wie bereits beschrieben, keine Energie durch den anderen spürbar ist und Frust und Mangel dadurch im Raum stehen. Ein weiteres Problem bezüglich Fremdgehen ist, dass der Egoismus in Bezug auf Sexualität stark in unserer Gesellschaft vorhanden ist.

Wenn beide Personen in einer Partnerschaft sehr ego-fixiert sind, dann entsteht berechtigterweise das Gefühl, dass der andere nicht wirklich etwas zu geben hat und die Sehnsucht nach einer dritten Person entsteht, welche diesen Mangel ausgleichen soll. Im Grunde spiegelt der Partner oft das eigene Ego, wodurch es manchmal nicht so einfach ist, sich diese Thematik bei sich selbst einzugestehen.
In einer "normalen Partnerschaft" ergeben zwei Personen ein Ganzes. Wenn sie es nicht schaffen, sich als ein Ganzes zu fühlen, wird eine dritte Person benötigt, damit 100 Prozent erreicht werden.
Im Unterschied dazu entwickelt sich auf der Reise zur Selbstliebe jedes Individuum selbst zu einem Ganzen. So resultiert dann in einer Partnerschaft, wo sich zwei ganze Wesen treffen, natürlicherweise das Gefühl des Erfüllt- und Genährt-Seins. Der Kelch schwappt über, wenn jeder die Fülle in sich selbst zuvor auf ganzheitlicher Ebene aktiviert hat.

Zum Thema Nächstenliebe ist zu sagen, wenn man anderen Menschen aus der bedingungslosen Liebe gibt, aus der gesunden Selbstliebe, kann dieser Bereich auch in die göttliche Ordnung gelangen. Wenn das Prinzip des Gebens verstanden wurde und wir anderen Menschen aus der eigenen Fülle geben, dann können wir die Erwartungen, etwas zu fordern, loslassen. Denn wenn wir im Fluss des Lebens sind, geben wir auf der einen Seite und erhalten auf der anderen Seite diese Geschenke wieder von anderen zurück. Denn ein Liebender ist aus der Hingabe zum Geliebten bereits genährt und wenn beide Liebenden ein gefüllter Kelch geworden sind, geben beide aus der Fülle ihres Seins.

Wichtig ist, sich zu erinnern, dass wir auf der Erde sind, um Liebe zu geben, wie es in dem Spruch so schön heißt:
"Dessen Leben war lohnenswert, der ein/e Liebende/r geworden ist".
Jesus will, dass wir wertschätzend und respektvoll, umsichtig, achtsam und liebevoll in der Gemeinschaft mit unseren Mitmenschen zusammenleben.
Wenn wir zu verstandeslastig ausgerichtet sind, können wir das Potential der Liebesfähigkeit niemals ausschöpfen, geschweige denn in der Tiefe erfassen, so wie es von Jesus gemeint war.
In der Gemeinschaft sollen wir den guten Umgang miteinander erlernen. Das „Fach Liebe" ist das wichtigste Fach, welches wir hier auf Erden, in der Schule des Lebens üben und trainieren dürfen. Wir sind in unserer Ursprungsfamilie, unseren Ehen und Partnerschaften mit ganz bestimmten Menschen (in der Regel) aus unserer Seelenfamilie in Verbindung. Mit und durch diese Menschen dürfen wir wachsen und reifen. Die Kraft der Vergebung ist dabei ein wichtiger Aspekt, der im Zusammenhang mit der Lektion der Nächstenliebe steht.
Einer achte den anderen höher als sich selbst.
Denn an der Liebe, die ihr füreinander habt, wird die Welt erkennen, dass ihr meine Jünger seid. Das bedeutet die Mitmenschen trotz ihrer Unvollkommenheit bedingungslos zu lieben, ist die Meisterklasse in Sachen Liebesfähigkeit.
Natürlich dürfen wir bei all´ den Meisterprüfungen hier auf Erden unsere menschlichen Grenzen dabei im Auge behalten und spüren, wann wir den nötigen Abstand benötigen, um die tieferen Zusammenhänge der jeweiligen Beziehungsebene erfassen zu können, um daraus die richtigen Schlüsse für unsere geistige und emotionale Reife ziehen zu können.

Wenn Jesus in uns wohnt, hören wir durch den heiligen Geist seine Worte, welche er uns zuflüstert und diesen Worten und Botschaften dürfen immer wieder sinnvolle Taten folgen.

So können wir für unsere Mitmenschen zum Wohle des Ganzen im Sinne der allumfassenden Liebe etwas wertvolles ins Leben bringen. Denn alles was wir geben, kehrt in unser eigenes Herz zurück.
So ist die Hingabe an Jesus ein wesentlicher Aspekt für ein erfülltes Leben in Richtung Selbstliebe und Nächstenliebe, da Gott die uferlose Liebe ist.

Auch das Bewusstsein über die körperliche Ebene unserer Liebesfähigkeit darf aus dem verstaubten Mittelalter endlich in der heutigen Zeit ankommen und kraftvolle, natürliche und gesunde Wurzeln schlagen.
Da ich selbst viele Jahre keine Sexualität gelebt habe, durfte ich diese Reise als Liebende auf der ganzheitlichen Ebene vielfach erforschen und in mir umfangreich in die Verschmelzung bringen. Wenn wir hier von erfüllter Sexualität sprechen, so ist es wichtig, dass die inneren Lichtkanäle bei beiden Partnern zuvor aktiviert worden sind, damit sich das Potenzial bei der Vereinigung umfangreich vom Becken, zum Herzen, bis zum Kronenchakra bei beiden ausdehnen kann. Durch eine ganzheitlich erfüllte Sexualität, wo Körper, Geist und Seele miteinander verbunden werden, erschließt sich uns das Mysterium unserer eigenen Göttlichkeit.

Der Mann aktiviert die ruhenden Energien im weiblichen Becken und die Frau lässt die Liebesenergien durch ihren zuvor aktivierten Lichtkanal hoch strömen bis in ihr Herz-Zentrum und ihren Kopf.
Die aufgeladene Liebesenergie gibt sie dann über das Herz-Zentrum durch bewusstes Atmen an ihren Partner zurück. So entsteht der Kreislauf von Geben und Nehmen, ein umfangreiches Genährt-Sein wird für beide spürbar. Das nennt sich auch den "kleinen Kreislauf atmen".

Es gibt auch einen großen Kreislauf, der zwischen den Liebenden energetisch und in der liebenden Vereinigung zirkulieren kann, wo sich Mann und Frau als erwachte Wesen spüren und tiefer in ihre Göttlichkeit eintauchen können. Wenn wir den Weg zur Liebe antreten und im zwischenmenschlichen Bereich echte Nächstenliebe leben, speisen wir mit guten Taten der Liebe und Fürsorge wunderbare hohe Schwingungen ins morphogenetische Feld ein, welche wieder zu uns zurückkehren, wenn wir in bedingungsloser Liebe gegeben haben. Es ist die Hingabe an das Leben und die Prinzipien von Saat und Ernte, die sich dann in unserem Leben zeigen! Wir können nur das erhalten, was wir zuvor gegeben haben.

Wo Herzen noch verpanzert sind, ist es eher schwierig, echte Nächstenliebe zu erfahren. Alles wird genau abgerechnet und Geben und Nehmen verhält sich nach geregelten Strukturen. Menschen, die einen starken Ich-Fokus haben, sind auf ihren eigenen Vorteil bedacht. Egoismus entsteht durch Mangel an Liebe und Nächstenliebe. Egoisten dürfen dann auch meist schmerzhaft spüren, wie sich ihr Verhalten auf sich selbst auswirkt. Alle Menschen erfahren die Prinzipien von Saat und Ernte am eigenen Leib. Erst durch das eigene destruktive Verhalten lernt eine Seele dazu und gelangt auf eine neue Stufe ihrer persönlichen Reife, wenn sie lernt, sich ehrlich zu reflektieren. Entweder wir lernen durch Schmerz oder durch Erkenntnisse.

Wenn Menschen sich durch egoistisches Verhalten geniale Vorteile verschaffen möchten, erfahren sie auch die Spiegelung im außen. Aber auch bei Egoisten lohnt es sich Vorschusslorbeeren zu geben, was meine persönlichen Erfahrungen gezeigt haben. Denn wenn diese zutiefst berührende Nächstenliebe, Zuwendung und Mitgefühl erfahren, können diese Erfahrungen ihr verpanzertes Herz öffnen und tief in ihrer Seele vordringen.

So ist es möglich, dass in diesen Menschen auch die Liebe zum Leben erweckt wird und dadurch persönliche Wandlung erfahren und echte Nächstenliebe gegeben werden kann. Gerade bei ich-bezogenen Menschen können wir das Prinzip der Vergebung bis ins uferlose üben und trainieren und dabei noch weiter in der Liebe wachsen. Aber auch einer Liebe, die gesunde Grenzen setzen kann. Denn diese essenziell. Diese Menschen fordern sie von uns empathischen Menschen geradezu heraus.

Der Link zum Youtube-Kanal: https://www.youtube.com/@martineum888

Klicke auf die Playlist „Martineum – Wohlfühloase

Deine Selbstliebe weiter entfalten:

https://www.youtube.com/watch?
v=VZOTNxKDnQY&list=PLYQG9YgjXhLQU2bYsTMtoUlnnkE_7BlZY&index=
32

Selbstliebe versus Narzissmus / Egoismus

Wie bereits im vorherigen Kapitel angedeutet, entstehen Narzissmus und
Egoismus durch einen Mangel an Liebe und diverser Traumata, die nicht
verarbeitet wurden. Jegliche Erfahrungen des Getrennt-Seins von der Liebe,
wie Mangel an Zuwendung, Lob, Wertschätzung, Anerkennung, … die in der
Kindheit erfahren wurden, wo der Mensch die inneren Widerstände noch
nicht aufgelöst hat, zeigen sich dann im "erwachsenen" Menschen unter dem
Motto:
Ich hole mir, was ich will, ohne Rücksicht auf Verluste und bin nur auf meine
Vorteile bedacht, nutze und sauge den anderen aus, im Extremfall, bis nichts
mehr von ihm übrig ist.

Der Raub von Energie ist bei Menschen im Getrennt-Sein von der Liebe
allgegenwärtig. Weitere Trennungsmuster sind Macht- und Besitzstreben. Je
verschlossener das Herz, desto krasser zeigt sich der Egoismus, je stärker
die Konflikte in der Seele, die auf andere Menschen projiziert werden, desto
stärker nimmt man es als narzisstisches Verhalten wahr.
Viele tausend Jahre waren wir als Gesellschaft nun im dunklen Zeitalter, wo
die niedrige Schwingung der Manipulation, des Egoismus und der
Ausbeutung energetisch in unserer Gesellschaft vorherrschend war. Die
destruktive Energie des dunklen Zeitalters, welches wir auch derzeit noch in
unserer Gesellschaft wahrnehmen und spüren können, ist eine kriegerische
Energie, welche Schmerz, Leid und Trauer erzeugt.

Menschen, welche im Ego verhaftet sind, ihre Macht und Dominanz
ausspielen, lügen, täuschen, manipulieren, über Leichen gehen, um ihre
Ego-Ziele zu erreichen, sind maximal von der göttlichen Quelle entfernt und
daher energetisch tief in der Dunkelheit der destruktiven Dualität verhaftet.
Manchmal werden dunkle Menschen auch von Fremdenergien oder
außerirdischen Wesen besetzt, wo diese das Energiefeld des Menschen in
Beschlag nehmen und teilweise oder ganz die Kontrolle übernehmen. Das

Tragische dabei ist, dass diese dunklen Wesen oft raffiniert sind und sich nach außen brav, solide und anständig zeigen und viele Menschen, welche noch nicht den Blick der Wahrhaftigkeit in sich aktiviert haben, daher massiv täuschen und manipulieren können. Das schafft wiederum sehr viel Leid und hält das Energiefeld der Erde auf niedrigem Niveau.

Wenn ein Mensch die Reise zur Umkehr in Richtung Licht, Wertschätzung und Liebe antritt, ist es wesentlich, dass jegliche destruktiven Fremdenergien aus dem Energiefeld entfernt werden.
Wenn uns bewusst wird, dass auf der Erde stets jegliche Form der Spaltung provoziert wird, ist es wichtig zu erkennen, dass wir in uns selbst jegliche Spaltung und Trennung auflösen dürfen, um den Weg zur göttlichen Einheit finden und umsetzen zu können.

Jede Seele lernt auch aus ihrer eigenen Negativität, dass sie sich im Lauf von vielen Inkarnationen dadurch langsam aber stetig zu einem besseren Menschen entwickelt. Denn die destruktive Energie, welche ein Mensch ausagiert, darf er in Form von Saat und Ernte oder Ursache und Wirkung in einem anderen Leben wieder erfahren. Im gesamten Universum geht nie etwas verloren, sowohl das Gute, wie auch das sogenannte Schlechte.

Die geistigen Gesetze wirken über viele Inkarnationen hinweg.
In meiner Praxis habe ich auch Menschen begleitet, welche unendlich starke Reue empfinden, für all das Destruktive, was sie in vergangenen Leben anderen Menschen angetan haben. Ihr ganzes Dasein ist geprägt, von dem Schuldgefühl und den Vorwürfen, die sie sich selbst ein ganzes Leben machen und dem Schmerz, den sie in der Seele fühlen, wie sie andere behandelt haben. Hier wird der liebende Gott essenziell und „notwendig".

Und hier kann der Mensch die lichtvolle Reise wieder antreten, denn jegliche Dunkelheit wurde erfahren und diese ist nun in diesem Menschen integriert.

In dem Zusammenhang ist auch die Geschichte vom "verlorenen Sohn" zu betrachten. Der Mensch (im Ego) trennt sich von Gott und will selbst schalten und walten, also regieren, ohne mit der göttlichen Führung verbunden zu sein. Und wenn er alle Erfahrungen gesammelt hat, möchte die Seele wieder zu Gott umkehren. Die bedingungslose Liebe ist der Inbegriff für die Anbindung zu Gott, die es ihm ermöglicht, sein Herz zu öffnen und wieder ein fühlendes Wesen zu werden, welches mit allem verbunden ist.

Wenn ein Mensch eine tiefe Läuterung erfahren hat, entsteht eine tiefe Sehnsucht, nur mehr Gutes und Wertvolles zu tun und zu geben. Denn er hat die geistigen Gesetze von Ursache und Wirkung und die entsprechenden Folgen davon am eigenen Leib gespürt. So geschieht das Wachstum der Seele durch die eigenen Erfahrungen.
Somit lässt der liebende Gott dem Menschen jegliche destruktiven Erfahrungen sammeln, damit er selbst jeglichen Schmerz in weiterer Folge erfährt und erst dadurch echte und nachhaltige Läuterung und Veränderung in der Seele stattfindet.

Auch wenn man zum Beispiel durch seelenlose Menschen tiefen Schmerz und psychische Gewalt erfahren sollte, kann man hierbei die verwandelnde Kraft für sich anwenden, indem man durch die Erfahrung der tiefsten Dunkelheit das Potenzial des höchsten Lichtes und der höchsten Liebe in sich lebendig werden lässt. Die dunkle Seite enthält immer das Potenzial der lichtvollen Seite in sich.

Derzeit befinden wir uns als Gesellschaft in der Übergangsphase vom dunklen ins lichtvolle Zeitalter. Im Sommer / Herbst des Jahres 2024 befinden wir uns bereits spürbar am Beginn des Wassermann-Zeitalters, wo es um die Qualität der Gemeinschaft und des gelebten Miteinanders im Lauf der kommenden Jahre gehen wird, das eigene Wirken zum Wohle des Ganzen auszurichten.
Wenn viele Menschen ihr Potenzial im Sinne des eigenen Seelenplans

entfalten, können in unserer Gesellschaft alle Zahnräder harmonisch ineinander greifen und ein neues Miteinander kann daraus geboren werden. Die Schwingung hat sich in den vergangenen Jahren kontinuierlich erhöht, sodass jeder Mensch unterstützt wird, jegliche destruktiven Energien loszulassen und den Weg des Lichts, der Wahrhaftigkeit, Menschlichkeit und Liebe einzuschlagen.

Zum verschlossenen Herzen möchte ich hier noch hinzufügen: Ein Grundproblem für die emotionalen Blockaden bei Männern sind mitunter, dass sie bereits von Kindesbeinen an mit den Glaubensmustern von Hart und Stark Sein und Gefühle zeigen, ist eine Schwäche gedrillt wurden.

Viele Jahre begleite ich Frauen und Männer auf dem Weg zur Herzöffnung. Somit habe ich es oft erlebt, wie ein Mensch darunter leidet, wenn er sich ein halbes Leben lang selbst im Weg steht und dadurch viel Frust und Mangel in Beruf und Partnerschaft entsteht.

Der Mann musste immer stark sein, die Frau durfte schwach sein. Einseitige Verhaltensmuster sind zum Scheitern verurteilt, da jeder nur einen Aspekt des Lebens damit ausdrückt und die andere Seite blockiert ist. Im Zuge der Evolution waren Männer für ihre Familien im Versorgungsmodus und mussten auf der Jagd ein Tier erlegen, um die Familie ernähren zu können. Somit ist es wichtig, dass wir ein Verständnis für die alten Strukturen zwischen Männern und Frauen haben, denn erst so können im zwischenmenschlichen Bereich die erwünschten Veränderungen umgesetzt werden.

Wenn ein Mensch die Erfahrung macht, wie es sich anfühlt, bedingungslos geliebt, geborgen und getragen zu sein, einfach, weil es ihn gibt, ohne dies mit Leistung zu verknüpfen, dann kann der emotional auferlegte Panzer schrittweise abfallen. Jede Seele rebelliert im Laufe der Zeit, wenn sie nicht um ihrer selbst willen geliebt wird.

In der Erfahrung des Gehalten-Werdens kann der Mensch zu Beginn jegliche Emotionen wie unterdrückte Wut und Trauer ins Fließen bringen, welche wesentlich für die Herzöffnung sind. Des Weiteren tendieren Menschen, die in der Kindheit die Erfahrung der Opferrolle gemacht haben, als Erwachsene stärker dazu, die Täterrolle in jeder Variante aus zu agieren. Die eine Seite der Medaille ruft naturgemäß die zweite Seite auf den Plan.

Für eine nachhaltige Veränderung ist der Mensch eingeladen, die eigenen Lebenserfahrungen tiefgründig zu reflektieren. Wenn wir das eigene Schicksal annehmen und lernen, jegliche Konflikte, die wir mit anderen Menschen erleben, zu hinterfragen und jegliche Zusammenhänge zu finden, dann gelangen wir zur persönlichen Reife und treten die Reise zur Liebe an.

Denn jedes Drama, welches wir noch nicht verstanden haben, ruft nach Aufklärung. Somit bedeuten alle Lebenserfahrungen, dass ein Mensch zu Bewusstsein kommen darf und sich selbst umfangreich kennenlernt, alle Erfahrungen in einem menschlichen Körper zu sammeln.

Von der Selbstliebe zu Selbstwert, Selbstbewusstsein und Selbstakzeptanz

Wir können im Beruf erfolgreich sein und unsere Ziele erreichen, doch das bedeutet nicht, dass wir in der Tiefe unserer Seele auch einen stabilen Selbstwert in uns verankert haben. Des Weiteren können Menschen angepasste Mitläufer sein, um jeden Preis zu einer Gruppierung dazugehören zu wollen, um sich geliebt zu fühlen, um dadurch nach außen selbstbewusst zu wirken.

Wie bereits erläutert, entsteht die Basis von Selbstliebe dadurch, wenn wir emotional die Schatten der Liebe, nicht gut genug sein, nicht wert geliebt zu sein, in uns transformiert haben und die volle Verantwortung für unser Leben übernommen haben. Die wesentliche Erfahrung, in Gott bedingungslos geliebt, geborgen und getragen zu sein, aktiviert die Selbstliebe, den Selbstwert und das Selbstbewusstsein und ist eine wesentliche Unterstützung, dass ein Mensch in die Selbstheilung gelangt. Wenn Menschen noch im Hart- und Stark-Modus festsitzen, unterdrücken sie in der Regel auch ihre Ängste. Der Mangel an Selbstwert und Selbstbewusstsein zeigt sich auch darin, wenn Menschen es nicht wagen, ihre Entscheidungen im Einklang mit ihrer Intuition zu treffen und aus Angst vor Veränderung in der vertrauten Komfortzone verweilen.

Wenn wir die wahre Selbstliebe auf der Reise zum wahren Selbst entfalten und unsere wahre Identität integrieren, gelangen wir zu unserer wahren Größe, Schönheit und Macht. Viele tausend Jahre haben wir als Menschheit die Erfahrung gesammelt, was es bedeutet, klein, schwach, ohnmächtig, abhängig, bedürftig und unterdrückt zu sein. Am Beginn des neuen Zeitalters dürfen alle Schatten ins Bewusstsein gelangen, damit wir unser Herz öffnen, die Liebe in uns entdecken und unser wahres Potenzial leben. Wenn wir unser wahres Sein in uns spüren und die wahre Berufung in dem Zusammenhang entfalten, können wir unser volles Potenzial leben und an dem uns rechtmäßigen Platz für andere Menschen wirken und uns in den Dienst des großen Ganzen stellen. Wenn wir uns mit dem höheren Selbst verbinden, stellen wir uns als göttliches Instrument oder Werkzeug zur Verfügung, wo die göttliche Quelle durch uns wirken kann.

Wenn wir unser Leben auf diese Weise ausrichten, sind wir jederzeit von der göttlichen Führung behütet und beschützt und können auch bei diversen emotionalen Herausforderungen dem Umfeld in bedingungsloser Liebe begegnen. Bei fortschreitender emotionaler Reife nehmen wir das Verhalten anderer nicht mehr so persönlich, wodurch wir leichter über den Dingen stehen und so die Emotionen der Mitmenschen besser erkennen und verstehen können.

Erst, wenn wir den Mut haben, herausfordernde Erfahrungen in unserem Leben zuzulassen, wie Jesus damals bereits sagte: "Liebt eure Feinde! Seid gut zu denen, die euch hassen!"

Dann sammeln wir wertvolle Erkenntnisse, was es bedeutet, trotz Unstimmigkeiten, unterschiedlicher Meinungen und Weltbilder bedingungslos lieben zu können und in unserer inneren Balance zu bleiben. Erkenntnisse, die uns dabei helfen, in schwierigen Situationen emotional nicht zu verhärten, sondern weiter und tiefer in der Liebe zu wachsen.

Im Sinne des sozialen Miteinander ist es daher wichtig, auf das jeweilige Gegenüber zu schauen und zu hinterfragen, was unsere eigene Präsenz bei anderen Menschen auslöst. Welche verdrängten Schatten, Ängste, Widerstände, Frust, … gelangen durch die eigene Ausstrahlung bei anderen Menschen an die Oberfläche?

Wenn man, so wie ich, Menschen auf dem Weg zur Herzöffnung und Selbstliebe begleitet, löst diese Berufung bei vielen Menschen ganz unterschiedliche Emotionen aus, je nachdem, wie gereift der Mensch selbst in seinem Leben ist. Doch den Weg zur Liebe zu entfalten ist das essenzielle und endgültige Ziel, welches wir als inkarnierte Wesen hier auf Mutter Erde entfalten dürfen, die höchste Entwicklungsstufe, welcher ein Mensch in seiner letzten Verkörperung in sich manifestieren darf.

Da ich damals in jungen Jahren mit meiner Jugendliebe nicht zusammengekommen bin, weil ich einen anderen Weg zu gehen hatte, habe ich mich in die Spiritualität vertieft und an Jugendvespern, Lobpreis-Gottesdiensten und Einkehrtagen teilgenommen. Das hat mich die Liebe Gottes tiefer erfahren lassen und mich schrittweise auf meine Berufung, Menschen zur bedingungslosen Selbstliebe zu begleiten vorbereitet.

Mit etwa 20 Jahren, nach dem Studium vieler christlicher Bücher, fragte ich Gott, ob das „schon alles" gewesen sei oder ob es da noch weitere spirituelle

Bereiche zu erforschen gibt.
Kurz darauf ging eine neue Türe auf und ich wurde zu einer spirituellen
Lehrerin geführt, welche mich auf der Reise zur Herzöffnung begleitete.
Da habe ich dann realisiert, dass wir als Mensch das nachhaltige Potenzial
erst durch unsere Herzöffnung erreichen können.

Wie ich oft beobachtet habe, sind die Themen Liebe, Herzöffnung,
Selbstliebe, … in unserer Gesellschaft teilweise noch negativ im
morphogenetischen Feld gespeichert, wie eine dunkle Wolke, welche lange
von der Sonne verdeckt war. Da wir uns Tausende Jahre im dunklen Zeitalter
befunden haben, ist das nicht verwunderlich. Somit hatte ich bei der
Entfaltung meiner Berufung manchmal das Gefühl, eine Pionierin oder
"Lichtkriegerin" zu sein, welche in einem Dschungel viele Schlingpflanzen
und Lianen, die den Weg lange blockierten, durchtrennt hat, damit die
Menschen, wieder frei und ungehindert hindurchgehen können.

Des Weiteren habe ich im Laufe der Jahre durch das Feedback von anderen
Menschen immer wieder die Botschaft erhalten, dass aus meiner Seele ein
starkes Licht leuchtet, wodurch ich öfter "Sonne" genannt werde. Wenn das
Licht in anderen Menschen noch nicht so umfangreich entfaltet wurde,
können sie darauf emotional reagieren, da sich die inneren Widerstände
dadurch zeigen.
Wir sind eben auf der Erde, um jegliche Schatten in uns ans Licht zu bringen.
Oft sind diese emotionalen Blockaden, welche ein Mensch seit mehreren
Inkarnationen in sich trägt, massiv verdrängt, wodurch viele Menschen in
vielen Inkarnationen den bequemen Weg der Ablenkung gehen und sich in
ihren Süchten und niederfrequenten Energien verlieren.

Bei vielen Menschen habe ich erkannt, dass ihre Traumatas auch aus
„diversen logischen Gründen" nicht aus diesem jetzigen Leben stammen
können, sondern ihre Lebensthemen eine sehr lange „Vorgeschichte" haben.

Und da ich mit meinem Vater, meiner Jugendliebe und meinen Seelenpartnern jeweils eine starke Verbindung spürte und auch sehr spezielle Erlebnisse mit ihnen hatte, konnte ich mit fortgeschrittener Reife auf der hellsichtigen Ebene immer besser wahrnehmen, welche Form der karmischen Verbindung mich mit ihnen verband und was die jeweilige Aufgabe wäre, um das alte Karma aufzulösen.

Dadurch ließ ich mich vor vielen Jahren zur Rückführungsleiterin ausbilden, zum einen, um vom alten Karma frei zu werden und zum anderen um die wahre Liebe, die mich mit ihnen verband, in aller Intensität nochmal zu spüren. So ist der Blick in die „Vergangenheit" wesentlich, damit wir jegliche Verstrickungen mit nahestehenden Menschen nachhaltig auflösen und frei werden. Erst so kann die reine bedingungslose Liebe wieder fließen und echter Friede in uns entstehen.
Denn das ist oft der Grund für das Wiedersehen in diesem Leben, dass wir alte Verhaltensmuster erkennen, das gemeinsame Karma bereinigen und uns wechselseitig vergeben. Dieser zwischenmenschliche Bereich ist so wesentlich, damit wir unseren Selbstwert und unser Selbstbewusstsein in die Transformation bringen können.

Somit ist es wichtig, jegliche Stagnation und innere Starre zu reflektieren, damit wir uns für das wahre Leben, die Freude und unser strahlendes Sein öffnen können.

Ein Spruch, der in meiner Kindheit sehr präsent war, lautet:
"Man sieht nur mit dem Herzen gut, das Wesentliche ist für die Augen unsichtbar!"
Als junges Mädchen habe ich mich mit vielen Sprüchen und Gebeten geistig oft eine längere Zeit beschäftigt und sie quasi von allen Seiten beleuchtet, bis sich mir die Quintessenz erschlossen hatte.

Jeder Mensch trägt den göttlichen Funken in sich, der jeden Tag nur darauf wartet, vom Menschen zum Leben erweckt zu werden. Keine Angst zu

haben, bewertet zu werden und sich auch selbst nicht mehr zu bewerten,
öffnet die Türe für die eigene Einzigartigkeit, wodurch das eigene Licht
spürbar werden kann.

Je mehr wir die Reise zur Selbstliebe für uns realisieren, desto mehr sind wir
in Einklang mit unseren Handlungen. Falls sich im Außen Widerstand zeigt,
wenn wir für uns selbst und andere Menschen "neue Türen" öffnen, kann es
zu Beginn ungewohnt für das Umfeld sein. Denn alles Neue ist befremdlich
für den Menschen.

Doch, wie bei allem Neuen im Leben, ist Widerstand oft die erste Stufe, die
überwunden werden darf. Wenn man den wahrhaftigen Weg immer weiter
fortsetzt, bis man ganz oben am Berg ankommt, kann es oft das Umfeld erst
wirklich verstehen, was das alles zu bedeuten hat, was ich aus eigenen
Erfahrungen mitteilen kann. So können auch ängstliche Menschen lernen,
den Entwicklungsprozessen des Lebens zu vertrauen und sich ebenfalls für
die Reise zu sich selbst zu öffnen.

Fragen, die wir uns auf dieser Reise stellen können:

Habe ich in meinem Leben gelernt, zu mir und meiner Wahrheit zu stehen,
auch wenn ich Widerstand im Außen erfahre?

Erlaube ich mir, mein Licht strahlen zu lassen, auch mit dem Risiko, dass
andere damit überfordert sind?

Oder gibt es noch Ängste, die mir im Weg stehen und mich davon abhalten?

Menschen, die sehr verstandeslastig sind, neigen dazu, in der Gesellschaft
eher als Mitläufer zu agieren. Auf keinen Fall aus der Reihe tanzen, und
außergewöhnliche oder riskante Dinge strikt vermeiden und unterlassen. Die
Angst vor Liebes- und Aufmerksamkeitsentzug wäre auf der Seelenebene
noch nicht zu verkraften. In schwierigen Lebensphasen, wenn uns das
Gedankenkarussell im Kopf belastet, ist es wichtig, den Fokus von der

mentalen Ebene abzuziehen und den Fokus auf die Lebensenergie im Körper zu richten, damit wir unsere eigene Lebendigkeit wieder spüren und dadurch Stagnation loslassen können.

Wir können uns dann Fragen stellen wie zum Beispiel:
Was löst dieser Gedanke in mir aus? oder was wäre ich ohne diesen Gedanken? So können wir unseren bewussten Fokus lenken und uns neu ausrichten.

Wenn man sich in speziellen Lebenssituationen, wo einem spezielle Gedanken quälen und belasten, diese einfachen Fragen stellt, ist es oft ein Befreiungsschlag, wenn wir uns darin üben, unsere Gedanken etwas differenzierter von unserem „ewigen Sein" wahrzunehmen.

Ich bin nicht dieser Gedanke, schüttle destruktive Gedankenformen aus meinem „Mentalkörper" ab und fühle im Herzen die Leichtigkeit des Seins. Wenn ein Mensch systemtreu und chronisch angepasst sein Leben gestaltet, hat es auch damit zu tun, dass er sich in der Kindheit genau diesen Schutzschild aufgebaut hat, um nicht verletzt werden zu können.

Auch diese Thematik darf sich auf dem Weg zur wahren Selbstliebe und zur wahren Identität auflösen. Oft reicht dieses Trauma, wie andere Aspekte, etwa Selbstwertmangel, in vergangene Leben zurück. Auf der tieferliegenden Ebene gelangen wir zu wahrer Selbstliebe und Selbstwert, wenn wir unser wahres Selbst, den Gott-Menschen in uns zum Leben erwecken und die göttliche bedingungslose Liebe in jeder Zelle wieder spüren.

Wenn du bereit bist, dich für dein eigenes Licht zu öffnen, ist idealerweise dann ein Engel der Herzen an deiner Seite, welcher dich liebevoll und achtsam in den Arm nimmt, damit sich dein Herz-Zentrum öffnen kann. Eine wunderbare Seele, welche die eigene Fülle an Liebe in sich aktiviert hat, um die ihr anvertrauten Seelen, ebenfalls zur ganzheitlichen Fülle begleiten zu können.

Stell dir vor, wie es ist, wenn jeder Mensch die Reise zur wahren Selbstliebe umsetzt und dadurch den Mut und die Souveränität in sich entwickelt, sich für die wahre Berufung zu öffnen.

Stell dir vor, wie es ist, wenn jeder Mensch seine Herzöffnung und Selbstheilung umfangreich forciert, um dadurch zum Wohle des Ganzen anderen Menschen optimal in ihrer Entfaltung dienlich zu sein.

Stell dir vor, wie es ist, wenn jeder Mensch seinen Platz in der göttlichen Ordnung einnimmt am Beginn der Neuen Zeit.

Unsere geistige Vorstellungskraft für das Gute einzusetzen und dieses Gute im Herzen fühlen, sodass es sich dadurch manifestieren kann, ist ein wichtiger Aspekt unseres Schöpferbewusstseins!

Wie bereits erläutert, begleitet mich das Thema Herzöffnung schon sehr lange. Durch die Begleitung von Joshua war es mir möglich, sehr weit zurück, die bis dato noch verdrängten Schatten meiner Kindheit fühlen zu können. Ich habe es selbst intensiv erfahren, was es bedeutet, sich von den Schutzschilden der Kindheit zu befreien und wie es sich anfühlt, wenn diese in uns schmelzen dürfen – und auch wie gut es tut, in der eigenen Selbstheilung anzukommen, damit das Herz-Zentrum wie eine Lotusblüte ihre tausend Blüten öffnen und ihren Duft verströmen kann.

Ich finde es vergeudete Lebenszeit, dass sich Menschen viel zu lange selbst im Weg stehen und ihre Schatten im verdrängten Fokus halten. Auf der Reise zum wahren Selbst entsteht subtil das Gefühl in uns in Gott rein und geheiligt zu sein. Falls du schon mal in geistlichen Texten vom unbefleckten Herzen gehört hast, wäre hierbei diese Entwicklungsstufe des offenen und geheilten Herzen zu verstehen.
Wenn wir die antrainierten Verhaltensmuster schrittweise loslassen, ist es

auch jene Reise, sich von der Person (Persona = Maske) wieder zu einem wahrhaftigen Menschen zu entfalten. Die Verhaltensmuster, welche wir uns im Lauf des Lebens zugelegt haben, sind im Grunde eine Form der Panzerung, welche das wahre göttliche Sein überlagern. Erst wenn diese schmelzen, ist der Weg frei, das göttliche Licht erstrahlen zu lassen.

Den wahren Selbst-WERT in sich spüren und sich der eigenen wertvollen Seele, wieder bewusst zu werden, ist ein zentrales Geschenk auf der Reise zum wahren Selbst. Wie Jesus sagte: "Ich bin, der ich bin". Die Ich-bin-Ebene wird dann noch stärker in uns spürbar. Die Selbstliebe und der Selbstwert zeigen sich im Bereich Beziehung und Liebe auch darin, wenn man offen ist, höchstes Glück, Freude und Liebe in sein Leben einzuladen und für diese empfänglich zu sein. Menschen, die sich in langjährig stagnierenden Beziehungen befinden und sich nicht daraus befreien können oder wollen, sterben manchmal sogar eines frühzeitigen Todes oder werden krank, da sich der innere Konflikt dann körperlich manifestiert hat.

Partnerschaften dienen in erster Linie unserer Bewusstwerdung, da wir Menschen einen Spiegel, also ein passendes Gegenüber benötigen, um unsere eigenen Schatten erkennen zu können.
Zwischen Seelenpartner geht es um die Potenzialentfaltung zur wahren Liebe, welche in der letzten Inkarnation beiden dient, damit sie ihr höchstes Potenzial in sich zur Blüte bringen können.

Wenn etwa eine Person in der Partnerschaft emotional blockiert ist und die andere Person darunter leidet, wäre es wichtig, die Spiegelung für sich selbst darin zu verstehen. Somit ist die Eigenverantwortung ein wesentlicher Schlüssel für echte Veränderung und Optimierung in der Partnerschaft.
Wenn wir uns selbst weiterentwickeln, kann das Miteinander wieder auf eine neue Ebene gebracht werden.
Ein weiterer Aspekt der persönlichen Verwandlung ist, dass wir uns um unser Selbst willen geliebt zu fühlen und nicht nur dann, wenn wir gut funktionieren.

Wenn ein Mensch nur über Leistung definiert wird, wird er damit zu einem Objekt degradiert. Zum Unterschied ist ein Mensch, der sich bedingungslos geliebt fühlt, ein Subjekt.

Die Dimension der Dualität dürfen wir in der ganzen Bandbreite erfahren, um dann bei der Umkehr zum wahren Selbst und zur wahren Berufung wieder im liebevollen Schoß der Liebe ankommen zu können.

Der emotionale Stress im Burn-out und das Erschöpfungssyndrom ist auch oft mit dem Glaubensmuster Leistung an Liebe und den, in der Kindheit, entwickelten Verhaltensmuster verbunden. Je stärker der Schmerz in der Trennungs- und Mangelerfahrung, desto stärker ist oft das Potenzial für die Reise zur göttlichen Einheit in einem Menschen vorhanden und grundgelegt. Auch hier zeigt sich das Gesetz der Polarität.

In unserer Gesellschaft kann man beobachten, dass das Thema Selbstwert oft zu stark nach außen gerichtet ist. Manche Frauen knüpfen ihren Selbstwert oft rein an ihr Äußeres, den idealen Körper, schöne Beine, Haare, Brüste, um sich so der Liebe des Partners und des Umfelds hundert Prozent sicher sein zu können. Wenn der Fokus rein auf gefallen wollen ausgerichtet ist, bleibt die wahre Selbstliebe auf der Strecke. Wenn kein Gramm zu viel auf den Rippen liegen darf und das äußere Styling von Haare und Kleidung nach der aktuellen Mode und dem Must-have-Trend ausgerichtet sein muss, ist das wahre Sein des Menschen nicht wirklich spürbar, sondern das falsche Selbst noch vorherrschend. Die bewusste Pflege unseres Körpers und eine authentische Kleidung sind natürlich wichtig, tut unserer Seele gut und zeigt die gelebte Selbstliebe, wenn sie in Einklang mit der geistig-seelischen Entwicklung und der Entwicklung der inneren Schönheit des Menschen einhergeht. Innere und äußere Schönheit reichen sich im Idealfall die Hand.

Wenn ich an dem Punkt an meine Mutter denke, kann ich mich nicht erinnern, sie jemals mit Schminke im Gesicht gesehen zu haben, was mich manchmal ins Staunen brachte, da sie dennoch bei jedem Fest in ihrer eigenen Strahlkraft und Schönheit präsent war! Doch generell ist zu sagen, dass auf dem Weg zur Selbstliebe der Mensch lernt, sich selbst in seiner

Einzigartigkeit umfangreicher anzunehmen, was zur Selbstakzeptanz führt. Ja sagen zum eigenen Körperbau, der Gesichtsform und den eigenen Proportionen ist auch für unseren Selbstwert förderlich.

Wenn wir zur Erkenntnis gelangen, dass wir uns den Körper vor unserer Inkarnation genauso gewählt haben, wie er angelegt ist, um hierbei die für unser Seelenwachstum erwünschten Erfahrungen im Leben zu machen, gelangen wir in einen tieferen Einklang mit uns selbst. Der Selbstwert-Mangel steht immer mit nicht verarbeiteten Traumata in Verbindung, die entweder in der Kindheit oder in vergangenen Leben erfahren wurden. Wir befanden uns als Frauen und Männer in diesen oder anderen Inkarnationen in unseren Beziehungen oftmals in einer Opferrolle, wurden missbraucht, ausgenutzt, fühlten uns nicht gesehen und nicht geliebt, was in Folge die Entwicklung des stabilen Selbstwerts blockierte. Das zeigt sich dann auch als Frust und Mangel in Partnerschaften und im Berufsleben. Hier gilt es zu erkennen, dass in jedem Schatten, jedem Trauma und jedem nicht verarbeiteten Schmerz auch ein wertvolles Geschenk liegt. Denn eine Seele, welche noch Mangel und Schmerz in sich fühlt, sucht bewusst oder unbewusst so lange nach Mitteln und Wege, bis das leidige Thema in die Heilung gebracht wurde.

Unsere Lebensthemen wiederholen sich, wie du wahrscheinlich auch schon festgestellt hast, wie in einer Dauerschleife und führen uns manchmal an den Rand von Verzweiflung und Ausweglosigkeit. So aktiviert ein wiederkehrender Schmerz auch die Sehnsucht nach der optimalen Lösung! Denn wer sucht, wird finden. Wer anklopft, dem wird aufgetan. Schmerz und Drama sind für unsere Seele im Grunde wie ein Wegweiser, der uns zum ersehnten Frieden, zur erweiterten Herzöffnung, zur wahren Selbstliebe und letztlich auch zu unserem göttlich wahren Selbst führen möchte. Das wahre Selbst, in sich zum Leben zu erwecken, ist dann sozusagen die Königsdisziplin.
Hier ist unsere Seele auch bereit, in eine göttliche Wahrhaftigkeit und in eine tiefe Heilung zu gelangen, damit sie sich wieder an die göttliche Quelle

anbinden kann. Und wann sollte die Anbindung an die göttliche Quelle besser passen, als genau am Wendepunkt in dieser bewegten Zeit des Wandels?

Ich möchte dir hier an dieser Stelle meine persönlichen Erfahrungen zum Thema Selbstwertmangel mitteilen, welche ich durch die Begleitung von Joshua auflösen und in die Selbstheilung bringen konnte. Wie schon berichtet, ist die Erde der Ort der Trennung von der Liebe. So durfte auch ich in das ganze Erfahrungsspektrum tief eintauchen. Mit unseren Eltern sind wir auf der Seelenebene in bedingungsloser Liebe verbunden, auch wenn wir das auf der Erde im gelebten Miteinander nicht immer bewusst spüren und erfahren können.

Denn die Liebe zeigt sich nicht immer vordergründig, sondern in der Form, indem wir mit unseren Eltern auf Seelenebene vereinbaren, durch sie die Schatten der Liebe zu erfahren. Wichtig hier zu erwähnen ist, dass unsere Eltern sich in der Regel auch von der Liebe oft getrennt fühlen und die eigenen Kindheitserfahrungen in der Regel nie wirklich aufgearbeitet haben. Wenn wir inkarnieren, gehen wir durch den Schleier des Vergessens und wir fühlen uns ahnungslos und manchmal auch machtlos dem Leben ausgeliefert. So war meine markante Trennungserfahrung jene, dass ich als Baby, als wir im Jahr 1974 das Weihnachtsfest feierten, ich nicht im Schoß der Mutter, sondern am Schoß der Großmutter Platz nehmen "durfte", wo mir spontan die Tränen herunter kullerten.

Da ich beschlossen habe, mich in eine große Familie zu inkarnieren und zu dem Zeitpunkt gerade meine Schwester Maria zwei Wochen zuvor geboren war, hatte sie im Schoß der Mutter den Vorzug erhalten, was vom Verstand eines Erwachsenen auch logisch und nachvollziehbar ist. An diesem Weihnachtsfest wurden einige Fotos gemacht, sodass ich mich an den Schmerz des Getrenntseins von der Liebe, den ich damals fühlte, gut erinnern kann. Bei der Oma war ich natürlich auch wunderbar aufgehoben, aber es war dennoch eine emotionale Belastung in meiner Seele spürbar.

Diesen inneren Konflikt habe ich viele Jahre mit mir herumgetragen und konnte ihn nicht gänzlich in der Tiefe auflösen. So blieben in den Jahren immer noch Reste vom Schmerzkörper zurück.

Joshua hat mich darin unterstützt, meinen auferlegten Panzer, welchen ich mir als Kind zugelegt habe, loszulassen. Dadurch wurde mein Herz-Zentrum noch offener und so konnte ich tiefer in meine Seele fühlen, dass ich einen Zugang zum verdrängten Schmerz der Kindheit erhielt und diesen auflösen konnte. Ich darf hier ebenfalls die Thematik der Opfer- und Täterrolle in Bezug auf den Selbstwert beleuchten, die wir als Männer und Frauen vielfältig erfahren haben. Der Selbstwertmangel lässt sich auch aus unseren abgespeicherten Erfahrungen als Mann und Frau ableiten. So waren wir in verschiedenen Leben einmal in der Opfer- und dann wieder in der Täterrolle. Man denke auch an die längst vergangene Zeit des Matriarchats zurück, worauf dann das Patriarchat folgte.

Der Schmerz (Selbstwertmangel) des Mannes war es damals im Matriarchat, dass er der Frau gegrollt hat, weil sie Leben schenken konnte und dadurch eine natürliche Anbindung an Gottes Schöpfung in sich trug. Des Weiteren war sie durch den Menstruationszyklus mit Mutter Erde und der Mondin eng verbunden. Wenn du die Redewendung "der rote Faden, der sich durch verschiedene Themen durchzieht" kennst, dann ist damit das Menstruationsblut gemeint, dass diese Redewendung an jene Zeit erinnert, wo der Frau umfangreiche Wertschätzung und Würde zuteil wurde. Die langen roten Teppiche in Kirchen, Regierungs- und Königshäuser erinnern noch heute an das Menstruationsblut der Frau, welcher im Ursprung höchste Ehre und Würde inne war.

Wie wir wissen, hat sich das Blatt gewendet und das kämpferische Ego des Haben-Wollens der männlichen Seele durchdrang den Planeten Erde, wo die Eroberungs-Energie ausagiert wurde und die Frau im Gegenzug jegliche Erfahrungen der Demütigung, Ohnmacht und Erniedrigung gemacht hat. Somit sind wir nun als Kollektiv eingeladen, diverse Opfer- und Täterenergien gänzlich aus unserem Zellsystem zu entfernen, damit sich die inneren Konflikte und dann im Anschluss die Spiegelung der äußeren Konflikte, zwischen den Geschlechtern, auflösen können. Da sich in dieser Zeitqualität das Patriarchat langsam aufzulösen beginnt, weil wir uns als Menschheit am Beginn eines neuen Zeitalters befinden, kann der langwierige Konflikt zwischen Mann und Frau nun in die Heilung gebracht und die göttliche Balance von weiblich und männlich im Menschen wieder hergestellt werden.

Auf der Reise zur Selbstliebe wird die Dualität aufgelöst, da wir alle Schatten ans Licht bringen und die Polarität von weiblich und männlich, hell und dunkel, links und rechts, oben und unten, Sonne und Mond, Intuition und Ratio, Körper, Geist und Seele wird wieder spürbar in unserem göttlichen Tempel integriert. So wird auf dieser Reise unser innewohnender natürliche Energiefluss, welcher uns zum "Weltenbaum mutieren" lässt, der auch mit dem "Christusbewusstsein" gleichzusetzen ist, in uns lebendig.

Einen lebendigen Energiefluss erfahren wir, wenn wir die weiblich-sanfte und die männlich-kraftvolle Seite in uns spüren, beide Aspekte in uns Raum bekommen und nährend in uns wirksam sein dürfen.
Wenn alle Polaritäten integriert sind, gibt es keinen wirklichen Grund für Konflikt oder Missbrauch, sondern innerer Friede kann sich einstellen, da hier der natürliche Selbstwert im Menschen wieder lebendig wurde, der sich wiederum über den Zustand des geheilten wahren Selbst ausdrückt. Dieses Potenzial in sich zu entfalten ist die optimale Voraussetzung, dass die "Wahre Liebe" im Menschen lebendig wird.

Wenn wir diese Transformation zur Selbstliebe und Herzöffnung von der christlichen Seite her betrachten, wird, wie symbolisch erläutert, das versteinerte Herz aus der Brust genommen und der "Herr gebe ihnen ein lebendiges Herz und einen neuen Geist". Man könnte es auch so bezeichnen, dass Phönix aus der Asche wieder aufersteht, zum neuen Leben erwacht und sich das wahre Mysterium des eigenen Seins eröffnet. Das bedeutet, dass an der Stelle das Bewusstsein im Menschen wach wird,

dass der größte Schmerz das größte Geschenk für die Umkehr zum wahren Selbst in sich birgt. Wenn alle Panzerungen von uns abfallen, kann sich unser wahres Sein frei entfalten.
Dies ist die erweiterte Form der Selbstliebe, wenn der Selbstwert, ein neues Selbstbewusstsein und die Selbstakzeptanz in uns schrittweise wahrhaftig lebendig werden. Wir dürfen diverse Mangelerfahrungen im Leben sammeln, damit wir uns auf die Reise zur unendlichen Fülle machen, hier ist ebenfalls das Gesetz der Polarität wirksam.

Wenn wir diverse Mangelerfahrungen nicht als negativ bewerten, sondern als Geschenk betrachten, welches uns motivieren möchte, unser Potenzial weiterzuerforschen, dann haben wir den tieferen Sinn darin erkannt.
Ich darf dich hier an einer weiteren Erfahrung in meinem Leben teilhaben lassen: Wie geht man damit um, wenn man die Sexualität als attraktive junge Frau nicht so umfangreich in der Praxis erlebt? Wir Menschen haben instinktive elementare Bedürfnisse, die befriedigt und erfüllt werden wollen.

So durfte ich auf der Reise zur Liebe umfangreiche Erfahrungen sammeln, wie es möglich ist, die Liebesenergie in sich durch verschiedene Atemübungen mit dem Herzen und dem ganzen Körper zu verbinden. Des Weiteren habe ich dann weiter geforscht, wie man jegliche Polaritäten in sich umfangreich in die göttliche Einheit bringen kann.

Es fühlte sich an wie ein Mysterium, welches in uns verborgen liegt, welch ein Geschenk auf uns wartet, wenn wir es schrittweise erkennen und entschlüsseln.
So wurde der Mangel über die nicht gelebte Sexualität zur ganzheitlichen Fülle meines Seins.

Wahrlich, wahre Schätze sind in uns vorhanden, welche uns das unendliche Fülle-Potenzial erst richtig spürbar werden lassen, wenn wir tiefer graben und uns nicht mit oberflächlicher Ego-Befriedigung zufriedengeben. Wenn Mann und Frau diese Fülle in sich zum Leben erwecken, dann kann das

Liebesleben erst in die göttliche Ordnung gebracht werden, sowie es von der göttlichen Ebene für uns Menschen vorhergesehen ist.

Ich darf dir hier noch einen weiteren Impuls geben, wie sich das Leben der gelebten wahren Berufung auf dein Leben auswirkt und wie der Spiegel hierbei aussieht: Sein Leben in den Dienst zu stellen und anderen Menschen zu ihrem höchsten Wohl zu dienen, führt dazu, dass das Leben dir ebenfalls zu deinem höchsten Wohl dienlich ist.

Wenn das Ego losgelassen wurde, um die wahre Aufgabe im göttlichen Plan zu erkennen und zu erfüllen, kannst du die wahren Geschenke im Leben erhalten.

So kann ich aus eigener Erfahrung sagen:
All die Geschenke, die umfangreiche liebevolle Begleitung, die ich in all den Jahren anderen Menschen angedeihen habe lassen, kehrte im Lauf des Lebens zu mir zurück, indem ich von Joshua auch durch tiefe heilsame Prozesse begleitet wurde, was meine Seele zutiefst berührt und beglückt hat. Wenn wir anderen Menschen echten Mehrwert zuteilwerden lassen, kehrt dieser Mehrwert auch zu uns zurück.

Sich in den Dienst der Menschheit zu stellen, setzt stabilen Selbstwert und gesundes Selbstbewusstsein voraus. Wenn jeglicher Mangel in uns aufgelöst ist, können wir aus der Fülle geben.

Was bedeutet die Herzöffnung nach innen?

Unser Herz-Zentrum ist ein großes Energiefeld, welches eine enorme Strahlkraft besitzt, wenn es ganz offen ist. Je umfangreicher wir uns dem Fühlen unserer emotionaler Schatten öffnen, desto weiter dehnt sich das Herzchakra sowohl nach außen, als auch nach innen, aus. Wichtig dabei ist, dass wir die Bewertungen von den aufgeladenen Emotionen loslassen und die lange in uns verankerte Verstrickung dadurch auflösen.
Wie Jesus bereits sagte: "Richtet nicht, damit ihr nicht gerichtet werdet" hat auch in der heutigen Zeit nicht an Bedeutung verloren, sondern ist aktueller, denn je.

Menschen, welche in diesem oder in einem vergangenen Leben starke Traumata erfahren und diese noch nicht aufgearbeitet haben, mauern und verschließen ihren Gefühlsbereich und somit ihr Herz. Tiefe Gefühle spüren ist hierbei nicht wirklich möglich. So ist bei diesen Menschen die Tendenz gegeben, alles im Leben zu rationalisieren und zu schubladisieren. Die ganze Energie und Aufmerksamkeit richtet sich somit auf die Verstandes-Ebene von gut und schlecht, richtig und falsch und das Leben ist von diversen Glaubensmustern geprägt.

Jene Seele, welche in vergangenen Leben schon eine spirituelle Beziehung zu Gott und Mitgefühl für die Mitmenschen entwickelt hat, kommt auch in diesem Leben mit einem gesunden Maß an Herzöffnung und Zugang zu ihrer emotionalen Ebene an.

Somit ist es auch mitunter karmisch bedingt, welche Verhaltensmuster und Zwangsfixierungen wir Menschen während der ersten fünf Lebensjahre entwickeln. Je stärker ein Mensch in der Kindheit in der Opferrolle ist, desto stärker neigt er dazu, das Herz komplett zu verschließen. Denn der Mensch denkt in der Not, dass er sich so vor weiteren Verletzungen schützen kann, was auf der Ebene der Logik auch verständlich ist.

Doch in Wirklichkeit ist das Gegenteil der Fall. Wie wir schon in der Thematik des Resonanzgesetzes besprochen haben, hat jeder Mensch, welche seine Schatten in den hintersten Winkel seiner Seele versteckt, eine starke Resonanz zu Menschen, welche genau diese verdrängten Schatten in ihm triggern – also genau diese Schmerzpunkte drücken, damit diese verkapselte Emotion endlich ins Bewusstsein dieses Menschen gelangt und somit dieser Herzschmerz endlich geheilt werden kann. Bei der Herzöffnung gibt es viele Stufen oder Blütenblätter, die sich im Laufe der Zeit öffnen können. Wesentlich dabei ist, dass die mentale von der emotionalen Ebene energetisch getrennt wird, also die negativen Bewertungen von den verdrängten negativen Emotionen losgelassen werden und der Mensch wertfrei und dual frei jegliche Emotionen wieder fühlen kann.

Damit die Herzöffnung nach innen auch wirklich realisiert werden kann, sind wir Menschen eingeladen, auch die spirituellen Zusammenhänge, warum wir hier auf der Erde sind und woher wir kommen, verstanden und verinnerlicht zu haben. Ein weiterer wichtiger Schritt ist, dass wir uns darin üben, die negative Bewertung auf Schmerz loszulassen. Denn auf der Ebene der Dualität haben wir viele Jahrhunderte schmerzhafte Erfahrungen unterdrückt und uns gewehrt, Schmerz zu fühlen und zuzulassen. Dadurch hat sich bei vielen in diesem Leben verdrängter Schmerz in der Seele aufgestaut.

Besonders in Partnerschaften und zwischen Kinder und Eltern wird verdrängter Schmerz oft unangenehm berührt. Doch im Grunde nur dazu, damit dieser endlich ans Tageslicht gebracht und die Basis der Herzöffnung nach innen und außen spürbar werden kann.
Ein Mensch, welcher sich mutig seinen Schatten-Themen stellt, bei dem öffnet sich im Lauf der Zeit das Herz immer mehr. Somit findet die Herzöffnung zuerst sanft und leise nach innen statt und wenn wir immer mutiger werden und uns unseren Lebensthemen stellen, wird die Herzöffnung auch nach außen spürbar. Diese vielfältige Ausdehnung des Herz-Zentrums in alle Richtungen habe ich im Lauf meines Lebens intensiv erfahren dürfen.

Unser emotionaler Herz-Bereich birgt ein sehr großes Potenzial in sich, bis er im Lauf der Zeit eine geöffnete Lotusblüte nach innen und außen wird, die schon von Weitem einen feinen Duft verströmt. Im zwischenmenschlichen Bereich ist es sehr beglückend, wenn wir Menschen im Umfeld haben, welche sich offen und verletzlich zeigen können und deren Sensibilität durch ein offenes Herz spürbar ist.

Hier merkt man, dass bereits vielschichtige Panzerungen losgelassen wurden. Es ist Balsam für unsere Seele, wenn wir spüren, dass emotional nichts zwischen mir und dem anderen steht.

Im Vergleich dazu fühlt es sich schmerzhaft und trennend an, wenn sich ein Mensch wie ein verpanzerter Roboter verhält und jegliche sanften Gefühle an ihm abprallen, diese gar nicht zulässt und auch nicht damit umgehen kann.

Unser Herz öffnet sich auch weiter nach innen, wenn wir auf der emotionalen Ebene den Urschmerz der Trennung bewusst fühlen können.

Ebenfalls möchte der Urschmerz auf der körperlichen Ebene und auf der spirituellen Ebene gefühlt werden.

Denn dadurch erst erhalten wir erst den Zugang zur göttlichen Liebe, wodurch wir uns wieder geliebt fühlen, wodurch sich uns wahrlich neue Türen öffnen. Somit ist durch diese intensive Erfahrung der Weg zur Herzöffnung nach innen frei.

Wie geschieht Selbstheilung?

Das Thema der Selbstheilung ist ein umfangreicher Prozess, der sich über viele Jahre erstreckt. Denn auf der Körper-Geist-Seele Ebene gibt es sehr viele Stufen zu erreichen und tiefe Schichten in unserer Seele zu erforschen, um den ersehnten Frieden in unserer Seele spüren zu können.

Jeder seelische Schmerz, den wir nicht verarbeitet haben, zeigt sich auf der körperlichen Ebene. Somit besteht hier ein enger Zusammenhang. Das Spiegelgesetz, wie innen so außen, kommt dabei zum Tragen.

Selbstheilung geschieht, wenn du deine verdrängten Kindheitstraumata emotional fühlend integrieren kannst und sich dadurch langjährige körperliche Blockaden auflösen, die mit dieser Problematik deines Traumas eng in Zusammenhang stehen.

Wie schon an einer anderen Stelle erwähnt, entwickelt jedes Kind innerhalb der ersten fünf Lebensjahre verschiedene Verhaltensmuster und Fixierungen, mit welchen es sich vor vermeintlichem weiterem Schmerz schützen möchte, um das Leben meistern zu können.

Erst wenn diese Fixierungen und Verhaltensmuster ins Bewusstsein gelangen und aufgelöst werden, kann sich das Herz viel weiter öffnen, wodurch eine gute Voraussetzung geschaffen wird, dass sich körperliche Symptome zum einen auflösen können und auf der seelischen Ebene der innere Friede entsteht.

Im Zuge der Selbstheilung ist es wesentlich, jegliche Konflikte mit anderen Menschen auch zu verstehen.

Tieferes Verständnis für uns und andere Menschen erhalten wir, wenn wir mutig und beherzt den Blick in andere Inkarnationen werfen, wodurch wir Schmerz und Leid emotional auflösen können, indem wir jegliche Opfer- und Täter-Energien auflösen, also jegliche Rollenbilder, die wir zu verschiedenen Zeiten ausagiert haben und wieder in unserem Schöpferbewusstsein ankommen.

Eine weitere wichtige Transformation können wir erfahren, wenn wir das eigene Familiensystem in einer Aufstellung anschauen, damit auch hier jegliche Schatten integriert und Frieden hergestellt werden kann.

Raum für persönliche Notizen:

Selbstheilung aktivieren

Wenn du dich bereits mit den Zusammenhängen zwischen Körper, Geist
und Seele beschäftigt hast, wirst du ein Verständnis dafür haben, dass für
jedes Organ und jedes Körperteil jeweils eine geistig seelische Entsprechung
gegeben ist.

Aus eigener Erfahrung weiß ich, dass man oft auf der körperlichen Ebene
vieles versucht und ausprobiert, um ein langjähriges Symptom zu beheben,
welches aber meist nicht zum erwünschten Erfolg führt.

Das Symptom verschwindet nicht so einfach, denn es wünscht sich unsere
Aufmerksamkeit, dass wir den Blick tiefer auf unsere Emotionen und
Verhaltensmuster richten.

Es bedarf, um zum Ursprung der Emotion zu gelangen, einer umfangreichen
Herzöffnung. Erst dann ist es möglich, dass sich die körperliche Symptomatik
auch auflöst. Zusätzlich sind wir auch eingeladen, die göttliche Führung um
Hilfe zu bitten, dass wir, wenn unsere Seele bereit ist, zu den richtigen
Menschen geführt werden, um den Weg zur Selbstheilung beschreiten zu
können.

Viele Menschen versuchen jahrelang auf der mentalen Ebene ihre Probleme
zu lösen, was nur bis zu einem gewissen Grad funktioniert.

Ich habe festgestellt, dass ein Mensch sehr viel Zeit benötigt, um die inneren
Widerstände für tiefe Heilung in sich zu erlösen und die Reise zur
emotionalen Herzebene anzutreten. Die Seele bestimmt, in welchem Tempo
sie die Reise vom Kopf ins Herz, zu sich selbst und zur Selbstheilung
umsetzt.

Ich möchte dir hier ein Beispiel aus meinem Leben in Bezug von körperlichen
Blockaden in Zusammenhang mit der seelischen Ebene geben.

Ich litt seit dem circa dritten Lebensjahr unter Verstopfung. Die Eltern waren
in unserer Kindheit beruflich so eingespannt, dass ich diese Thematik nicht
einmal mit ihnen besprechen konnte, mir als Kind auch gar nicht wirklich
bewusst war, dass es sich hier um ein echtes Problem handelte. Im Laufe

des Älterwerdens hat es Phasen gegeben, da war es besser um meine Verdauung bestellt und so gab es Höhen und Tiefen, je nachdem, wie ausgeglichen die Balance zwischen Berufs- und Privatleben in meinem Leben war. Als naturheilkundlich ausgerichteter Mensch habe ich im Laufe der Jahre viele verschiedene Möglichkeiten ausprobiert, um dieses Problem auf der körperlichen Ebene zu beheben.

Mein Seelenpartner hat mich dann dabei unterstützt, die Schutzschilde meiner Kindheit loszulassen und dadurch konnte ich umfangreicher zum Ursprung des Schmerzes, der sich bereits im Babyalter (ca. 7. Monat) zeigte, emotional in die Tiefe tauchen. Ich habe es somit am eigenen Leib gespürt, was es heißt, wenn sich die eigenen langjährigen Schutzschilde in mir selbst auflösen.

Wenn wir emotional ganz offen und durchlässig werden, ist es die optimale Voraussetzung, dass wir tief und intensiv lieben können und sich unser wahres göttliches Sein optimal zeigen kann. Wenn unser Herz immer offener wird, werden wir auch darin unterstützt, dass wir in eine höhere Schwingung gelangen und uns somit in Leichtigkeit in die fünfte Dimension einschwingen können.

Ich möchte dir nun noch weitere Zusammenhänge meiner körperlichen Transformation mitteilen, sodass du durch mein Beispiel erkennen kannst, wie weitere Symptome durch eine einzelne Blockade entstehen.

Ich hatte also Verstopfung, die sich zu einem großen Teil auflösen konnte durch meinen emotionalen Transformationsprozess und der Heilung des inneren Kindes, wo mein Schmerz damals entstanden ist. Nachdem sich diverse Blockaden im Darm gelöst haben, hatte ich die Eingebung, eine Hydron-Colon-Therapie, also Darmspülung mit Wasser, durchführen zu lassen, um den Darm zusätzlich von Altlasten zu befreien. Hierbei machte ich dann sehr interessante Erfahrungen. Meine Verdauungsprobleme waren, wie bereits erläutert, in meiner Kleinkind-Phase entstanden, da sich durch den

Mangel an Zuwendung der Eltern mein Verdauungstrakt verkrampft und zusammengezogen hat.

Mit der Hydro-Colon-Therapie konnten die Verhärtungen weiter gelockert und abtransportiert werden, und dadurch wurde der Fluss der Arterien im Verdauungstrakt wieder in Gang gesetzt.

Zum Zeitpunkt, da ich diese lindernde Darmspülung durchführen ließ, litt ich bereits etwa zehn Jahre an dem Symptom "Restless legs". Das Symptom zeigt sich in der Form, dass man abends beim Schlafen gehen einen subtilen Schmerz und unangenehmes Kribbeln in den Waden spürt. Das drängt einen dazu, die Waden zu massieren und die Füße hochzulagern, damit der Venenfluss beschleunigt und aktiviert wird. Im Zuge meiner erweiterten Herzöffnung durch die Transformation meiner Kindheitsthemen und der Hydro-Colon-Therapie konnten die Verdauungsbeschwerden großteils aufgelöst werden und auch das Symptom "Restless legs" war auf einmal nicht mehr vorhanden, worüber ich sehr erstaunt war.

Wie du hier erkennen kannst, ist es immer wieder faszinierend, am eigenen Leib zu erleben, was es bedeutet, die Zusammenhänge von Körper und Seele wahrzunehmen. Und manche Symptome, wie "Restless legs", waren in meinem Fall Folgeerscheinungen meiner langjährigen Verdauungsprobleme. Des Weiteren wurde mir hier bewusst, wie stark und intensiv die Ablagerungen im Darm sein müssen, um Arterien im Darm derart blockieren zu können und wie meine erweiterte Herzöffnung durch das Auflösen der Kindheitstraumata in Zusammenhang mit der Auflösung der körperlichen Probleme stand.

Ich habe dir nun von der Selbstheilung in Bezug auf den Körper berichtet. Im nächsten Kapitel möchte ich noch mehr Bezug von der Selbstheilung auf die Seelenebene nehmen.

Was fördert die Selbstheilung und was blockiert sie?

Ein zentraler Schlüssel für die Selbstheilung ist, dass wir unsere verdrängten Emotionen wohlwollend fühlen und damit emotionale Integration stattfindet, wie bereits erläutert. Weiterhin ist wichtig, dass wir bei jeder unserer herausfordernden Lebenserfahrungen auch die geistig spirituellen Zusammenhänge erkennen und verstehen.

Viele Menschen befinden sich lange im inneren Widerstand gegen ihre Kindheits- und Lebenserfahrungen. Doch wie wir bereits besprochen haben, hält Schmerz ein Geschenk für uns bereit, wenn wir offen sind, es auszupacken und hineinzuschauen. Der innere Widerstand blockiert die Selbstheilung. Des Weiteren blockieren die Selbstsabotage und die Opferrolle die Selbstheilung. Eine weitere Blockade entsteht, wenn sich unser Ego gegen die natürliche Weiterentwicklung und gegen Veränderungen wehrt.

Viele Menschen stehen, energetisch betrachtet, auf der Bremse, was ihre persönliche Weiterentwicklung anbelangt. Denn mit jeder Herausforderung, der wir uns im Leben stellen, gehen wir aus der vertrauten Komfortzone heraus und werden somit auch mit oft lang verdrängten Themen konfrontiert. Somit bedarf es als Basis, um die Bereitschaft des Menschen zu stärken, die persönliche Erfahrung in Gott bedingungslos geliebt, geborgen und getragen zu sein!

Die Liebe verbindet den Menschen mit der göttlichen Wirklichkeit und unterstützt ihn, das langjährige Drama loszulassen und aus dem Traum der Dualität in die Liebe, die er ist, zu erwachen.

Ein Mensch, der in der Selbstheilung angekommen ist, hat ein offenes, reines Herz. Das ist auch ein Zeichen von persönlicher Reife.
Auf der Reise zur Selbstheilung ist es förderlich, wenn wir Menschen im Umfeld haben, welche uns ermutigen und an uns und unser Wachstum glauben. Denn der Glaube versetzt Berge, er verleiht uns Kraft und Motivation.
Aus der christlichen Ebene betrachtet sind wir bereits heilig, weil wir zu Gott gehören. Wir sind heilig, weil Jesus unsere Heiligung ist.
Wir sind heilig, weil der heilige Geist in uns wohnt.
Wenn wir Jesus nachfolgen, und unser Leben in den Dienst zum Wohle des Ganzen ausrichten, sind wir ein Jünger Jesu.

Was die Selbstheilung auf der seelischen Ebene lange blockiert oder stagnieren lässt, sind Traumata, welche wir in uns tragen. Diese sind lange Zeit von unserem Bewusstsein abgetrennt, wodurch ein Mensch seinen Fokus im Leben stärker auf den Verstand ausrichtet.
Die emotionale Ebene bleibt diesen Menschen dadurch sehr lange verschlossen, sie ist "abgekapselt". Hoch dosierte bedingungslose Liebe ist wesentlich, damit der Panzer im Menschen schmelzen kann.
Je intensiver die emotional erfüllenden Erfahrungen des Geliebt, Geborgen und Getragen Seins" im Menschen spürbar werden, desto leichter kann sich das Herz-Zentrum öffnen und diverse Schatten-Emotionen ins Fließen gebracht werden.

Ein weiterer Bereich der Selbstheilung ist die Anbindung mit den Wurzeln im Becken an Mutter Erde, wie bereits in einem anderen Kapitel erwähnt. Denn wenn wir durch das Feld der bedingungslosen Liebe mit Mutter Erde wieder an die Urkraft der Liebe angebunden sind und die Fülle an Lebensenergie in unserem göttlichen Tempel natürlich fühlen können, tauchen wir in die Wirklichkeit des Seins ein und können einen Bezug zu unserer wahren Größe, Schönheit und Macht herstellen.

Je weiter wir alle Polaritäten in unserem göttlichen Tempel vereinigen, desto mehr tauchen wir in die fünfte Dimension ein. Erst wenn wir jegliche Stufen der Trennung in uns aufgehoben und die Ganzheit wieder intensiv spüren, ist der Eintritt in das multidimensionale Selbst, wo sich unser Bewusstsein und unsere Wahrnehmung weiter ausdehnt und uns das göttliche ewige Sein noch tiefgreifender bewusst wird.

Wie Selbstliebe deine Selbstheilungskräfte aktiviert

Selbstliebe im ganzheitlichen Sinn betrachtet, bedeutet, dass wir die göttliche Essenz in uns entdecken, lieben und ehren, unser göttliches Sein zum Leben erwecken und dadurch mit unserem wahren Selbst wieder vereint sind, wodurch wir die wahre Berufung erkennen können.
Das impliziert, dass die Körper-Geist-Seele Ebene in Balance gebracht und die Selbstheilungskräfte dadurch aktiviert wurden.

Die Basis der Liebe beginnt, körperlich und energetisch betrachtet bei unseren Wurzeln. Es bedarf umfangreicher Aufmerksamkeit, um das Wurzelchakra, von den dunklen destruktiven und trennenden Energien der vergangenen Jahrtausende zu befreien. Auf der Erde waren und sind noch immer viele Menschen nur mit Vater Gott und der männlichen göttlichen Energie verbunden, dadurch ist die weibliche göttliche Energie in vielen Menschen nicht vorhanden, was auf der Seelenebene einen Mangel darstellt, worunter viele Menschen meist unbewusst leiden. Um die Selbstheilungskräfte in Gang zu bringen, ist es wesentlich, dass wir im Becken die bedingungslose mütterliche göttliche Energie (Liebe) persönlich erfahren dürfen, natürlich und unschuldig.

Bei dieser Form der Körperarbeit wird das göttliche Kind in der Seele des Menschen berührt. Viele erwachsene Menschen, die ein Leben lang im Hart- und Stark-Modus gefangen waren, dürfen zu ihrem inneren Kind wieder eine Verbindung herstellen und dabei die reine mütterliche bedingungslose Liebe integrieren.

Hier gibt es verschiedene Varianten des "Gehalten Werdens", welche essenziell für die Öffnung des Herzens sind. So wie ein Baby von der Mutter liebevoll gehalten wird, so darf ein erwachsener Mensch in dieses ursprüngliche Gefühl des "Genährt Seins" eintauchen und dadurch die mütterliche Energie der Geborgenheit integrieren. So kann in weiterer Folge das Becken wieder an die Wurzeln "angebunden werden" und sich der Mensch kraftvoll, frei, natürlich und unschuldig wieder mit Mutter Erde verbinden.
Das Gefühl des Geliebt-Seins lässt ein Fülle-Gefühl in unserem Körper entstehen. Mangel lässt den Menschen krank und depressiv werden und schwächt dadurch auch den Körper und die Organe.

Für das Aktivieren der Selbstheilungskräfte ist es wichtig, dass wir im Becken an die Urkraft, Urliebe und an das Urvertrauen angebunden sind. Denn im Becken befindet sich auch die Basis der Sicherheit im Leben. Wenn ich ein energetisiertes Becken habe, fühle ich mich verbunden und nicht mehr getrennt. Wenn sich ein Mensch sicher und geborgen fühlt, kann er sich im Leben weiterentwickeln und sich dem Leben anvertrauen.

Die Erfahrung von Gott, Jesus, den Engeln bedingungslos geliebt zu sein, stärkt das Vertrauen ins Leben. Wie Jesus in ähnlicher Form sagte: "Seid ihr nicht viel wertvoller als die Vögel auf dem Feld? Sie sorgen sich nicht um morgen, denn der morgige Tag sorgt für sich selbst, da ihr in meiner Liebe geborgen und getragen seid. Ihr dürft vertrauen, dass der himmlische Vater euch liebt und stets mit Nahrung versorgt, euch das täglich Brot gebe".
So ist der nächste Schritt, dass im Kronenchakra die Anbindung, an die göttliche väterliche Liebe spürbar wird – wieder zuerst von außen und dann

idealerweise, wenn sich der Kanal vom Becken, zum Herz und zur Krone weiter ausdehnt, auch innerlich.

Wenn dann der Energiefluss in diesem göttlichen Tempel spürbar wird, kraftvoll, natürlich und unschuldig, wie in einem Baum, wo ebenfalls die göttliche Lebensenergie zirkuliert, dann entsteht im Inneren ein kraftvolles Energiefeld, welches auch die umliegenden Organe mit sehr viel Lebensenergie versorgt. Wenn dieser Energiefluss dann auch die Wirbelsäule entlang hoch strömt und dabei auch alle Drüsen, welche lebenserhaltende Hormone produzieren, damit verbunden und energetisiert werden, ist das regenerierend für Körper, Geist und Seele.

Ein Mensch, der die göttliche Liebesenergie vielfältig in sich zirkulieren lässt, harmonisiert sein gesamtes zelluläres Energiefeld, was sich sehr förderlich auf die Selbstheilungskräfte auswirkt. Man könnte auch sagen, wenn jegliche Panzer geschmolzen und der tiefere Sinn des Lebens geistig und seelisch verstanden wurde, das Herz maximal offen ist und die göttliche Einheit lebendig geworden ist, dann strahlt dieser Mensch pro Sekunde 100.000 Lichtphotonen ins Universum hinaus.

Eine weitere Folge dieser umfangreichen Energetisierung und Harmonisierung ist, dass hier auch der Alterungsprozess gestoppt und die zelluläre Verjüngung somit aktiviert wird.

Auf dieser Bewusstseinsebene gelangt der Körper in eine höhere Zell-Vibration, wodurch ebenfalls die Selbstheilungskräfte aktiviert werden. Wenn ein Mensch in Einklang mit seiner Lebensgeschichte gelangt, jegliche Lernaufgaben seines Lebens verstanden und akzeptiert hat, wird ein innerer Friede lebendig. Auf der mentalen Ebene ist es wichtig, destruktive Glaubensmuster loszulassen und neue Glaubensmuster zu aktivieren.

Selbstliebe Affirmationen:

Ich liebe, achte und ehre mich!
Ich liebe den Gott / die Göttin in mir bedingungslos.
Ich bin es wert, geliebt zu werden, so wie ich wahrhaftig in Gott bin.
Ich lebe mein wahres Selbst und liebe mein wahres Sein.
Ich lebe meine wahre Berufung und bin ein Segen für meine Mitmenschen.
Ich bin die wahre Liebe, die ich bin.
Ich bin das Licht, das ich bin.

Du kannst dir die Affirmationen aufschreiben und neben deinem Bett platzieren. So liest du sie vor dem Einschlafen und auch nach dem Aufwachen, wo du dich noch im Alpha- oder Delta-Zustand befindest und diese Worte dadurch direkt in deinem Unterbewusstsein verankern kannst.

Mit folgender Affirmation "Ich liebe mich und ich bin dankbar, in meinem wahren Selbst angekommen zu sein" unterstützt du dein Unterbewusstsein, dein Ziel leichter zu erreichen, wenn du es in der manifestierten "Jetzt-Form" und der "Ich bin-Qualität" ausdrückst.

Wie Jesus sagte: "Glaubt nur, dass ihr erhalten habt, und es wird euch werden!" Denn Energie folgt unserer Aufmerksamkeit. Wenn wir es auf der geistigen Ebene manifestieren, kann es auch in die Materie gebracht werden, von der feinstofflichen (geistigen Ebene) in die grobstoffliche (materielle) Ebene.
So ist der Weg der Manifestation eines machtvollen Schöpferwesens. Wenn du deine Selbstheilungskräfte und die Selbstliebe aktivierst, kannst du erwünschte Dinge und Zustände leichter in deinem Leben manifestieren.
Dein Herz ist maximal offen, du kannst wieder tief und intensiv fühlen (was eine Voraussetzung zum Manifestieren ist), hast dein Leben in Einklang mit der göttlichen Führung ausgerichtet (dein Ego steht nicht mehr im Weg),

wodurch die göttliche Führung für alle erwünschten Dinge, Zustände, Situationen den richtigen Zeitpunkt weiß, da es dein Leben aus einer höheren Ebene überblickt und in der göttlichen Ordnung alles seinen richtigen und stimmigen Zeitpunkt hat. Geduld ist mitunter eine wichtige Lernaufgabe hierbei

Der Glaube, wie wir wissen, kann Berge versetzen. Segen dem, der da glaubt! Es ist unter anderem auch ein geistiges Gesetz. Somit birgt es, wenn wir an das Potenzial unserer Mitmenschen glauben, sehr viel Energie und Manifestationskraft in sich.

Ich möchte dir somit an der Stelle sagen: "Ich glaube an dich!"

Du bist ein unendlich machtvolles Wesen!
Du bist unendlich geliebt!
Du bist hier, um in deine Selbstheilung und dein göttlich angelegtes Potential zu gelangen!
Das Leben meint es gut mit dir!
Du bist ein Glückskind!
Du bist einzigartig!
Du hast das Beste im Leben verdient.

Wenn nur ein einziger Mensch an unser Potenzial glaubt, wird bereits eine enorme Energie in uns freigesetzt.

Wenn ein Mensch seine Macht in anderen Inkarnationen missbraucht hat, ist das Thema Macht negativ besetzt. Für die Entfaltung der eigenen Größe ist es förderlich, die negative Bewertung in Bezug auf Macht und eigener Größe loszulassen, damit die Emotion dahinter gefühlt wird und Vergebung stattfinden kann.

Der Link zum Youtube-Kanal: https://www.youtube.com/@martineum888

Klicke auf die Playlist „Martineum – Wohlfühloase

Ein Vergebungsmantra für dich:

https://www.youtube.com/watch?
v=cPF49JthmbM&list=PLYQG9YgjXhLQU2bYsTMtoUlnnkE_7BlZY&index=3
0

Wie die Selbstheilung mit der gelebten Berufung zusammenhängt

Ich möchte zu Beginn auf grundsätzliche Unterschiede in der Entwicklung
der Persönlichkeit und der Berufung hinweisen.
In unserer Gesellschaft ist es vorrangig so, dass Menschen einen Beruf
auswählen, der sie entweder finanziell gut absichert, bei dem ihr Bedürfnis
nach Wertschätzung und Anerkennung gestillt wird, natürlicherweise die
eigenen Talente optimal zum Einsatz kommen oder mit dem sie sich die
eigenen Sehnsüchte und Wünsche erfüllen möchten, um einfach das zu tun,
was Freude bereitet, was menschlich und legitim ist.

Wenn wir unseren Ursprungsnamen erfahren, wird dadurch auch die wahre
Berufung entschlüsselt. Grundsätzlich stellt sich die Frage: Entfaltet ein
Mensch seine Berufung aus dem Ego (niederes Selbst) und aus einem
Mangel, welcher in der Kindheit erfahren wurde? Welche Wünsche und
Bedürfnisse möchte hierbei wirklich befriedigt werden? Oder gestaltet der

Mensch sein Leben aus dem höheren Selbst und hat sein Leben so
ausgerichtet, um dem Wohle des großen Ganzen optimal zu dienen?
Wenn ein Mensch bei der beruflichen Entfaltung sein Ego loslässt, um zum
Wohle des Ganzen zu dienen, wäre hier die Ausrichtung: Vater, nicht mein
Wille, sondern dein Wille geschehe! Hier ist der Fokus nicht mehr auf die
Liebe und Anerkennung vom Umfeld für das eigene Überleben wichtig,
sondern es geht hier darum, dass der Mensch an die göttliche Quelle
angebunden ist, sich von Gott bedingungslos geliebt fühlt und dadurch den
Menschen in seiner Einzigartigkeit dient.

Auf der Ebene hat der Mensch auch die eigene Intuition entwickelt und seine
Herzintelligenz aktiviert. Da er mit Gott und der geistigen Welt in spürbarer
Interaktion steht, wird er auch von oben immer unterstützt und kann jegliche
Herausforderungen meistern. Doch auch hier zeigen sich immer wieder neue
Wegkreuzungen, wo es wichtig ist, einen klaren Blick auf sein Leben zu
behalten. Wenn ein Mensch in vollkommener Hingabe den anvertrauten
Menschen dient, zu dem kommt, im Sinne von Ursache und Wirkung, dieses
Geschenk der Hingabe auch von anderen Menschen zurück.
Wenn wir in besonderer Weise anderen Menschen dienen, kann man das
oftmals nicht in Geld bezahlen, denn in Wahrheit sind dies göttliche
Geschenke von Seele zu Seele, welche hier geteilt und gegeben werden.
Diese Erfahrungen von Saat und Ernte durfte ich des Öfteren erleben.
Somit möchte ich dich damit motivieren und inspirieren, dich auch dafür zu
öffnen und die tieferliegenden Zusammenhänge darin zu erkennen.

In Zusammenhang mit der Selbstheilung möchte ich mit dir nun tiefer in die
Seelenstruktur eintauchen: Denn auch wenn ein Mensch auf Gottes Willen
ausgerichtet ist, sind die in der Kindheit entwickelten Schutzschilde, also die
antrainierten Verhaltensmuster in der Regel noch vorhanden. Auf der Reise
der Selbstheilung und zur wahren Berufung gehen wir der Frage nach, wer
wir wahrhaftig sind in Gott, wenn wir alle auferlegten Schutzschilde in uns
auflösen?

So kann unser wahres Wesen zum Vorschein kommen und das wahre Selbst in uns lebendig werden.

Wenn wir mit unseren Klienten ihre Lebensgeschichte besprechen und ihre geistig-seelischen Erfahrungen näher beleuchten, alle Schatten ins Fließen gebracht werden, dann können sich Mangel und Bedürftigkeit aus der Kindheit auflösen, Selbstheilung wird forciert und die Quintessenz ihrer wahren Berufung wird sichtbar und spürbar. Was viele Menschen verbindet ist, dass sie sich oft mit diversen unangenehmen Kindheitserfahrungen und dem eigenen Schicksal im inneren Konflikt befinden und in einer Negativspirale gefangen sind. In der Interaktion mit den Klienten halten wir nach den persönlichen Geschenken des Lebens Ausschau, indem der tiefere Sinn der eigenen herausfordernden Lebensthemen ins Bewusstsein gebracht wird. Denn nichts ist hilfreicher als eine Herausforderung, um das Beste in einem Menschen hervorzubringen. Aus der Adlerperspektive betrachtet, kann ein solcher Blickwinkel wahrgenommen werden.

Wenn wir erkennen, dass nichts in unserem Leben zufällig geschieht und jede schmerzhafte Erfahrung eine wichtige Bedeutung für unsere wahre Berufung und unser ganzheitliches Wachstum in sich birgt, kann eine entscheidende Wende in der persönlichen Wahrnehmung realisiert werden. Denn wir machen auch in der Ursprungsfamilie entsprechende Erfahrungen, die für unsere wahre Berufung wichtig ist.

Es geht also nicht darum, im Dilemma der Kindheitserfahrungen stecken zu bleiben, sondern jegliche Schätze daraus zu bergen, auch wenn sie tief unter der Oberfläche vergraben zu sein scheinen. Der Prozess der Selbstheilung findet mitunter statt, indem jegliche Schutzschilde und Fixierungen erkannt und losgelassen wurden, welche das Kind in uns viele Jahre zuvor aktiviert hat. Wenn jegliche Schatten ans Licht gebracht worden sind, kann das Ego losgelassen werden, das wahre Selbst in Erscheinung treten und wahre Selbstliebe, für das Göttliche in uns spürbar werden.

Die Verhaltensmuster und Überlebensstrategien, welche wir in der Kindheit aktivieren, prägen unsere berufliche Laufbahn. Das bedeutet, wir entwickeln uns in jene Berufsrichtung, wo tendenziell in unserer Kindheit ein Mangel vorhanden war. Mit der beruflichen Entwicklung möchte der Mensch diverse Mängel ausgleichen. Bei der Reflexion der ganzen Lebensgeschichte erschließen sich einem sämtliche Zusammenhänge der Kindheit in Zusammenhang mit der gewählten Berufsausbildung.

In diesem Umkehr-Prozess gehen wir gewissermaßen wieder an den Ursprung unserer göttlichen Quelle zurück, was somit unser spirituelles Erwachen zur Folge hat und unsere göttliche Souveränität wieder zum Leben erweckt. Diese tiefgründige Reflexion ist in dieser heutigen Zeit ein wesentlicher Schlüssel, um im Zuge der wahren Berufung in die eigene Selbstheilung zu gelangen.
Als im Mai 2018 Norbert Joshua zu mir in die Praxis geführt wurde, haben wir uns wechselseitig von unserer Vision erzählt. Er erzählte mir, dass es seine Berufung ist, die wahre Identität eines Menschen zu erkennen. Er nahm das zum Anlass, um mich tiefer zu analysieren und meine wahre Berufung herauszufiltern, was mich im Herzen sehr berührt hat.

Als meine wahre Berufung hat sich gezeigt, dass ich als "Herzenstüröffnerin Martina Antara – Engel der Herzen", die Menschen mit dem goldenen Schlüssel der bedingungslosen Liebe zur Selbstliebe begleiten darf!
Diese Berufung habe ich über viele Jahre entfaltet.

Dies´ bedeutet, dass die verdrängten Aspekte ans Licht gebracht und wieder fühlend im Herz-Zentrum integriert werden, sodass es dadurch geöffnet wird und der Mensch wieder ans Urvertrauen, die Urkraft und die Urliebe angebunden ist, in Gott geliebt und geborgen und getragen zu sein.

Meine Aufgabe spürte ich auch darin, das umfangreiche Wissen und mein entwickeltes Therapiekonzept an andere berufene Frauen weiter zu geben, damit für viele Menschen ein umfangreicher Mehrwert zum Tragen kommt.

Im Zuge meiner eigenen Selbstheilung habe ich wahrgenommen, dass uns unsere Schatten-Erfahrungen so lange nach der geeigneten Möglichkeit suchen lassen, bis wir unsere tiefsten Wunden in uns in die Heilung gebracht und damit die ersehnte Erlösung in uns geschehen kann.

Der Zusammenhang, wie meine Berufung in meiner Lebensgeschichte deutlich wurde, zeigte sich darin, dass ich in einer eher leistungsorientierten Familie aufgewachsen bin, stets gut und brav zu funktionieren, wo jeder seine Aufgaben zu erfüllen hatte.
Des Weiteren verbindet mich mit meiner Mutter die Thematik der Spiritualität, was sich in der Kindheit in einer starken Anbindung zu Gott und den Engeln zeigte. Im Lauf der weiteren Jahre wurde mir bewusst, dass ich durch die Anbindung zu Gott den subtilen Zustand der Trennung in meinem Körper und zur Mutter Erde spürte. Ab der Körpermitte aufwärts fühlte ich mich verbunden und von der Körpermitte abwärts fühlte ich mich eher getrennt. So war meine Reise zur Selbstliebe auch die Aufgabe, das Feld der bedingungslosen Liebe umfangreich in mir zu aktivieren und alle Ebenen der Trennung in mir zu vereinen.

Es war so, dass ich als Kind und Jugendliche immer um die Nächstenliebe in meiner Ursprungsfamilie bestrebt war, meine Fühler auszustrecken, um wahrzunehmen, wer in meiner Familie gerade etwas mehr Aufmerksamkeit, Zuwendung oder ein bereicherndes Gespräch benötigte, um emotional und seelisch genährt zu sein. Denn kein Mensch lebt für sich allein, alles ist mit allem verbunden.

Jeder Mensch ist eingeladen, in der Gemeinschaft seinen Teil zum Wohle des Ganzen beizutragen. So war diese Ausrichtung in meiner Seele aus anderen Leben abgespeichert. Und da ich ein sozialer und spiritueller Mensch bin, habe ich mein Leben der göttlichen Führung anvertraut, dass sie mich zu meinen wesentlichen Aufgaben führen möge, welche ich mir für diese Inkarnation vorgenommen habe.

Tiefes Glück erfahren wir erst in der Hingabe an das Leben! Bei Joshua hat sich das Loslassen seiner Schutzschilde darin gezeigt, dass er sein altes Leben komplett loslassen durfte und seine geistigen Fähigkeiten in ihm dadurch weiter zum Leben erweckt wurden.
Die Polarität wirkte auch hier: Erst wenn wir leer sind, kann unser Gefäß neu gefüllt werden. So wurde seine gottgegebene Gabe, tiefer liegende Zusammenhänge im Menschen erkennen zu können, um verdrängte Schatten ans Licht zu bringen, in ihm lebendig. So unterstützt er Menschen, tief sitzende Programmierungen der Kindheit zu erkennen.

Auf der mutigen Reise der Heldin oder des Helden mutiert der Mensch gewissermaßen zum geschliffenen Diamanten. Je weiter der eigene Heilungsprozess fortschreitet, desto optimaler kann das Christusbewusstsein in uns lebendig werden.

Wenn ich alles im Nachhinein betrachte, ist unser eigener Heilungsprozess für unsere Seele im Grunde wie ein besonderes Fest, wenn sie uns einlädt, all unsere Masken loszulassen und uns dafür zu öffnen, von wunderbaren Menschen, die ebenfalls diese Reise für sich umgesetzt haben, liebevoll, achtsam und behutsam begleitet zu werden.

Somit sind wir stets eingeladen, geistig und emotional offen zu sein, um uns ehrlich reflektieren und gut bei uns bleiben zu können, auch wenn der emotionale Sturm in uns tobt.
Wenn emotionale Aspekte in uns an die Oberfläche gespült werden, dürfen wir uns darin üben, diverse Zusammenhänge aus unserer Kindheit darin zu erkennen.
So geschieht nachhaltiges Wachstum für Körper, Geist und Seele. Genau das, wofür wir hier sind!

Wie wirkt Herzöffnung und Selbstliebe bei Seelenpartner und Dualseelen?

Wenn wir uns nun diesem Thema widmen, lade ich dich ein, dein Bewusstsein etwas zu erweitern, um über den Tellerrand blicken zu können. Vielleicht kennst du das Gefühl, wenn du einem Menschen begegnest, dass du denkst, dass du ihn schon ewig kennst. Bei der Begegnung mit meinen Seelenpartnern hat sich mir auch oft der Impuls gezeigt, dass ich sie bereits kenne.

Wenn sich mein Herz in der Verbindung zu einem Seelenpartner geöffnet hat, konnte ich oft in ein anderes Zeitfenster und früheres Leben eintauchen, wo sich verschiedene Szenen und Bilder zeigten, wie wir miteinander in Verbindung standen und in Partnerschaft gelebt haben.

Manchmal begegnen wir einem Seelenpartner, wo wir noch in einer Opfer-Täter-Energie verstrickt sind. Somit kommen wir auch mit uns vertrauten Seelen zusammen, um alte Konflikte zu bereinigen. Die Thematik von Opfer und Täter wurde auf der Erde vielfach ausagiert.

Wir haben Kämpfe ausgefochten und jegliche Rollen gespielt, um die Vielfalt an Emotionen und Erfahrungen integrieren zu können.

Auf dem Weg zur Herzöffnung sind wir eingeladen, jegliche Bewertungen von gut und schlecht loszulassen und uns bewusst zu machen, dass es keine Schuld gibt. Es gibt nur den eigenen Teil der Verantwortung. Zu akzeptieren, dass wir zu jeder Zeit jene Entscheidungen getroffen haben, die für unser Seelenwachstum wichtig waren, um zu wachsen und zu reifen und bis zum heutigen Tag den Reifeprozess als Mensch dadurch realisieren zu können.

Denn jegliche Erfahrungen von Opfer und Täter lassen uns Schmerz fühlend wahrnehmen, den wir vielleicht ungerechterweise einem anderen Menschen zugefügt haben. Die Erfahrung von Reue kann ebenfalls das Herz öffnen und uns weich und mitfühlend werden lassen. Alle Lebenserfahrungen möchten eine emotionale Reife im Menschen hervorrufen.

Je älter eine Seele ist und je mehr Erfahrungen sie über viele Inkarnationen gesammelt hat, desto mehr Mitgefühl, Achtsamkeit, Wertschätzung, Respekt und Anerkennung hat sie in sich integriert und kann sie anderen Menschen entgegenbringen. Wenn ein Mensch aus vergangenen Zeiten starke Schuldgefühle, wie einen schweren Rucksack mit sich herumträgt, desto mehr ist er eingeladen, tieferliegende Zusammenhänge des Lebens zu erkennen und sein Seelenwachstum über viele Jahrtausende zu betrachten.

Jeglicher Schmerz hat das Potenzial für die entsprechende Metamorphose im Bereich der Herzöffnung. Denn das Fühlen jeglicher Schatten öffnet das Herz für die Liebe und die Kraft der Vergebung führt den Menschen zu emotionaler Reife.
An dieser Stelle darf ich dir folgendes Zitat mitteilen, welches eine Freundin einmal geschrieben hat:

Es gibt dich, damit Gott sich erfahren kann.
Es gibt Gott, damit du dich erfahren kannst.
Leben ist Erfahrung in jeglichen Spektralfarben.

Nun tauchen wir tiefer ins Thema Herzöffnung bei Seelenpartnern ein. Wenn ich an meine Begegnungen mit Seelenpartnern zurückdenke, haben sich diese sehr vertraut angefühlt, so als würde ich ihn schon lange kennen und als wäre zum jetzigen Zeitpunkt ein Wiedersehen von unseren Seelen vereinbart. Somit ist mein Herz vor Freude gehüpft. Im Lauf der Jahre habe ich die tieferen Zusammenhänge verstanden, worüber ich dir im folgenden nähere Einblicke im Bereich Herzöffnung und Selbstliebe geben werde.

Bereits als junges Mädchen bin ich in der Schule dem ersten Seelenpartner begegnet. Er hat damals das Gefühl der wahren Liebe in mir ausgelöst, was ich einige Jahre später erst besser realisierte. Amor´s Pfeil hatte quasi

getroffen, mitten ins Herz. Da er einer sehr leistungsorientierten und verstandeslastigen Familie abstammte, hat er als junger Mann eine Frau geheiratet, welche sein perfekter Spiegel war, im Sinne der persönlichen Lebensausrichtung.
Für mich war er „die Einladung", mein Leben komplett auf die Wahrhaftigkeit meines Herzens auszurichten und konsequent den Herzensweg zu beschreiten. So hält jener Mensch, der uns tief in der Seele berührt, auch eine oder mehrere Botschaften für uns bereit, wenn wir lernen, die Geschenke des Lebens zu verstehen.

In den darauffolgenden Jahren träumte ich häufig von ihm, worüber ich überrascht und des Öfteren auch emotional überfordert war. Nach knapp zehn Jahren des immer wieder von ihm Träumens, bat ich die göttliche Führung um eine konkrete Botschaft. Ich bekam folgende Antwort:
Dein Seelenpartner und du, ihr kennt euch bereits aus einem anderen Leben. Es gibt nicht nur ein Leben auf der Erde, sondern ihr wart schon öfter hier, deswegen diese Vertrautheit zwischen euch.

Durch mehrere Rückführungen konnte ich dann lang aufgestauten emotionalen Ballast loslassen, wodurch ich mich viel freier fühlte, mein Herz wieder in Frieden war.
Ebenfalls konnte ich die Konflikte in meiner damaligen Partnerschaft besser verstehen und in die Auflösung bringen. Somit ist jeder Konflikt, den wir mit uns nahestehenden Personen in uns selbst erlösen, ein weiterer Schritt in Richtung Herzöffnung und inneren Frieden.

Ich finde es daher als sehr schade und verlorene Lebenszeit, wenn viele Menschen in ihren alten Strukturen verharren und mit dem Finger stets auf andere zeigen und selbst in der Opferrolle, in Wut und Groll stecken bleiben. Wenn ein Mensch seine Konflikte unterdrückt und den Kopf in den Sand steckt, ist er wie eine tickende Bombe, die jederzeit explodieren kann, um alles in Schutt und Asche zu legen.
Diese Menschen wollen sich oft nicht weiterentwickeln. Sie verharren in ihrer

rationalen Verstandesebene, und ihr Herz bleibt verschlossen. Daher haben sie Resonanz zu weiteren Konflikten, da sich ihre unerlösten Themen in jeglichen anderen Beziehungen widerspiegeln.

In dem Zusammenhang ist deutlich zu erkennen, dass ein Mensch, der seine Opfer-Rolle intensiv ausagiert, eine starke Machtposition innehat. So fühlen sich Opfer-Menschen immer im Recht und möchten stets ihren Mitmenschen überlegen sein, wodurch sie auch andere dabei abwerten. Somit drückt sich ihre aufgestaute Wut, ebenfalls in Konflikten mit der Außenwelt aus.
Jeder Konflikt, den wir haben, möchte tiefergehend beleuchtet werden. Denn er birgt das Geschenk in sich, uns den Weg zur wahren Liebe zu bahnen, wenn wir uns wahrhaftig in die Adlerperspektive erheben, um diverse Zusammenhänge zu erkennen. Wir sind aufgefordert, das jeweilige Geschenk in der jeweiligen Herausforderung herauszufiltern.

Wer seine Augen, Ohren und das Herz fest verschlossen hält, um nichts sehen, hören und fühlen zu können, lebt am wahren Leben vorbei. Die Geschenke des Lebens sind nicht immer schön und dekorativ verpackt, dass es stets eine Freude wäre, sie auszupacken, doch sind sie imstande, uns einen enormen Mehrwert für unser Seelenwachstum und unsere geistig-emotionale Reife zukommen zu lassen. Die meisten Menschen denken beim Thema Geschenke eher an ihre Ego-Wünsche.

Ich kenne einige Menschen, welche alle ihre Ego-Wünsche vom Leben erfüllt bekommen haben und konnte dennoch beobachten, dass sie oft unglücklich sind und sich in Süchten und destruktiven Energien verstricken. Das eine schließt das andere nicht aus. Denn das Ego ist das niedere Selbst, welches sich oft in der Materie verstrickt und dann merkt, dass die Materie nicht langfristig glücklich macht, wenn das geistig-seelische Wachstum dabei auf der Strecke bleibt. Doch je tiefer ein Mensch in seine Ego-Thematik eintaucht, desto stärker wird ihm die Trennung von Gott und der Liebe bewusst.
Auch hier zeigt sich die Polarität des Lebens. Der verlorene Sohn oder die

verlorene Tochter darf irgendwann erkennen, dass er oder sie sich im Ego verloren hat und dann die Reise zur Göttlichkeit wieder antreten. Alles hat seine Zeit im Universum. Gott bewertet nicht. Gott, die alles umfassende Liebe, lässt uns jegliche Erfahrungen sammeln, welche wir benötigen, um zu den entscheidenden Erkenntnissen für uns und unser Seelenwachstum zu gelangen.

Nun möchte ich dir die Geschichte meiner zweiten Seelenpartner-Geschichte zugänglich machen, die mich im Zuge der Herzöffnung und Selbstliebe von der dritten in die fünfte Dimension, also auf eine komplett neue Ebene, katapultiert hat. Über das Thema Dualseelen und Seelenpartner gibt es bereits viele Bücher, in denen die Grundstruktur von der intensiven Verbindung und den entsprechenden Wachstumsschritten umfangreich erläutert wird. Die Energiefelder von beiden werden durch das Zusammensein sehr stark aktiviert, da es hierbei um die Thematik der göttlichen Verschmelzung geht.
Es geht darum, dass der Seelenpartner uns einlädt, dass wir selbst als Mensch in die komplette Ganzheit gelangen, um in uns jeglichen Mangel an Liebe und jeden Schmerz aus der Kindheit in die Heilung zu bringen.
Dadurch wird die umfangreiche Herzöffnung in uns realisiert und die Selbstliebe wird Schritt für Schritt zur vollständigen Blüte gebracht.

Ich möchte zu Beginn kurz eine "normale" Partnerschaft in Bezug zu einer "Seelenpartnerschaft" stellen, ohne diese bewerten zu wollen, sondern um ein besseres Verständnis davon zu bekommen.
In normalen Partnerschaften findet oft ein Tauziehen statt, das einer vom anderen Energie abzieht. Dies geschieht auf der emotionalen, energetischen und der sexuellen Ebene. Somit ist hier subtil das Energiefeld einer Missbrauchsenergie vorhanden, was bei einer oder beiden Personen oft zu Beziehungsfrust oder zum Rückzug der Seele führt.

In einer Partnerschaft, bei der sich beide in der Dualität befinden, kann das menschliche Ego diese Form der Beziehung besser überblicken, da hier eine gewisse Form des Getrennt Seins noch spürbar ist und der Mensch in dieser Partnerschaft keine Angst vor energetischer oder emotionaler Auflösung in die göttliche Einheit hat, wo der markante Unterschied zu einer göttlichen Seelenpartnerschaft liegt.

Mir ist sehr wohl bewusst, dass sich auch in einer solchen Partnerschaft ein Beziehungsfeld aufbaut, in dem beide, wie in einer Symbiose verwoben sind. Ich habe beide Beziehungsformen kennengelernt und kenne die Unterschiede.

In normalen Partnerschaften ist eher eine Tendenz vorhanden, an der Beziehung zu klammern, da man unbewusst um die eigene Unvollkommenheit und jene Aspekte in der Persönlichkeit weiß, welche noch nicht zur Entfaltung gebracht wurden und man das Gegenüber daher zwingend benötigt, um sich ganz und vollständig zu fühlen.

Eine weitere Tendenz ist, dass sich Menschen in einer Dualitäts-Partnerschaft eher davor scheuen, sich im Zuge einer etwaigen Trennung, mit den verdrängten Traumata der Kindheit zu beschäftigen. Lieber in einer gewissen Form der Oberflächlichkeit hängen bleiben, als den Weg der Wahrhaftigkeit zu gehen, denn die Angst vom Umfeld abgelehnt oder nicht mehr geliebt zu werden, wenn man dem eigenen Herzen folgt, wäre bei diversen Mangel- und Bedürftigkeitsthemen noch nicht verkraftbar. Genau diese Abhängigkeitsmuster, Liebe im außen zu suchen und sich permanente Bestätigung für die eigene Existenz zu holen, ist bei vielen Menschen noch vorhanden, was mitunter einen Widerspruch zur gelebten Selbstliebe darstellt.

In einer Seelenpartnerschaft ist zum geliebten Seelenpartner oft eine Distanz vorhanden, da jeder sein Potenzial in sich in Zeiten der Trennung weiter entfalten darf. Sie treffen sich manchmal, um die Schwingung des anderen zu spüren und um sich des gemeinsamen Potenzials bewusst zu werden. Doch in der Regel sind sie über längere Zeiträume physisch getrennt und nur durch das feinstoffliche göttliche Seelenband emotional, seelisch und auch telepathisch miteinander verbunden. Diese Erfahrung war damals eine tiefgreifende Offenbarung für mein eigenes Wachstum, die Reise ein wahrhaftig liebender Mensch zu werden. Das bedeutete, dass ich den Blick auf alle Schatten des Lebens erhielt, um diese in die Wandlung zu bringen. Des Weiteren war es eine Aufforderung, jegliche Bereiche meines Lebens in die umfangreiche Verantwortung zu bringen.

Diverse emotionale und menschliche Bedürfnisse, die früher von einem Partner übernommen und erfüllt wurden, durfte ich nun selbst in die konsequente Erfüllung bringen. Somit drückte mein Seelenpartner damals alle Knöpfe, damit diese ans Licht gebracht und in mir in die Transformation gebracht werden konnten. Die gelebte Selbstliebe und einhergehende Herzöffnung, wenn man sich jeglichen Schatten und den vielfältigen menschlichen und emotionalen Herausforderungen stellt, wurde dadurch umfangreich lebendig und aktiviert. Das heißt, mir wurde im Nachhinein bewusst, dass ich mit meinem damaligen Seelenpartner einen Seelenvertrag vor der Inkarnation geschlossen hatte, dass ich das Mysterium Liebe vollständig in mir selbst zum Leben erwecke und in mir manifestiere, welches in meiner Seele als Potenzial angelegt war.

Ich durfte also die Ganzheit umfangreich in mir selbst aktivieren, wodurch ich den Unterschied zwischen der alten und der neuen Liebeskultur in unserer Gesellschaft bewusst wahrnehmen konnte. Die Liebe zu einem Seelenpartner ist so stark und intensiv, dass die Lernaufgabe bedingungslos lieben zu lernen, eine natürliche Konsequenz in solchen Verbindungen ist. Man übt sich darin, jegliche Erwartungen loszulassen und trotz emotionaler Herausforderungen das Herz für den anderen offenzuhalten. Somit habe ich es oft persönlich erfahren, dass die göttliche Liebe wahrlich die stärkste Kraft im Universum ist!

Die Liebe, die ich für mein Gegenüber fühlte, hat mich unterstützt, die Liebe für mich selbst noch besser fühlen zu können, da diese starke Verbundenheit vorhanden war. Somit war der Trennungsschmerz und die Sehnsucht nach dem Gegenüber die Einladung vom Leben an mich, die Fülle an Liebe in mir weiter zu aktivieren. Im Lauf dieser Forschungszeit, der Reise zur bedingungslosen Selbstliebe, habe ich den herkömmlichen Beziehungsstrukturen in unserer Gesellschaft etwas auf den Zahn gefühlt und wahrgenommen, dass viele aus Mangel und Bedürftigkeit gelebt werden und nicht aus der unendlichen Fülle des eigenen Seins, in denen zwei Menschen ein Ganzes bilden.

Wenn es in einer normalen Beziehung diese zwei Personen nicht schaffen, ein Ganzes zu sein, benötigen sich zwangsläufig eine dritte Person, um diesen Zustand zu erreichen. Zum Unterschied dazu wird der Mensch in einer Seelenpartnerschaft aufgefordert, diese Ganzheit in sich selbst zu manifestieren, was mich schrittweise in ein neues Körperbewusstsein und gleichzeitig in die fünfte Dimension geführt hat, wo die Liebe in einer neuen Dimension in uns spürbar wird, da sich unser Energiefeld auf dieser Stufe weiter entfaltet und ausgedehnt hat.

Wenn jeglicher Mangel in die Fülle transformiert wurde, können wir uns gut in unserem Körper-Geist-Seele-Energiefeld verankern. Wenn wir nichts mehr vom anderen brauchen, sondern uns in der Fülle und Freude des Seins begegnen, kann eine Partnerschaft in die Erfüllung gelangen. So kann die wahre Liebe lebendig werden, wenn alle Abhängigkeiten und Bedürftigkeiten losgelassen wurden und wir gelernt haben, das Leben auch allein glücklich und erfüllt zu gestalten. Das ist definitiv die Erfahrung der emotionalen Meisterschaft, die hierbei realisiert wird.

Auf dieser Reise zur Liebe wurde ich mit viel Energie, Mut und Motivation beschenkt, um die eigene Berufung dann umfangreicher zu entfalten und das Glück noch mehr in mir selbst spüren zu können. Somit geht es darum, die volle Verantwortung für das eigene Leben wahrzunehmen und auch in der Praxis zu leben.

Alle meine persönlichen Erfahrungen, die ich auf der Reise zur Selbstliebe machte, durfte ich umgehend an meine Klienten weitergeben. So wurde mir bewusst, dass, wenn wir uns für unsere wahre Berufung öffnen, diese im Zusammenhang mit unseren persönlichen Lebenserfahrungen steht und diese wiederum ein enormer Mehrwert für andere Menschen sind, welche wir unterstützen dürfen.

Einige Fragen für deine Reflexion:

Wie nährend gestalte ich meine Freizeit, wie empfinde ich mein soziales Umfeld und mein wohnliches Umfeld?
Wie gut kann ich meine innere Stimme und die Botschaften hören, die mir stets von meinem göttlichen Team gesendet werden?

Kann ich in meinen Lebenserfahrungen und der Entfaltung meiner Berufung einen Zusammenhang erkennen?

Welche Geschenke hat die derzeitige Lebenssituation für mich bereit?

Wie weit hängt mein Glücksgefühl von der Anwesenheit eines geliebten Menschen ab?

Wenn eine Frau ihr eigenes Herzensfeuer zur vollen Entfaltung gebracht hat, ist sie für ihren Partner eine wahrlich reife, erwachsene Frau geworden, welche gut in sich verwurzelt ist und in der Schule des Lebens gelernt hat, sich selbst zu nähren, die anvertrauten Menschen zu nähren und ihrem Partner eine verantwortungsvolle Gefährtin zu sein, auf jeglichen Ebenen des Seins. Das heißt dann konkret, dass das Thema Verantwortung auf folgende Bereiche zu übertragen ist:
Die Verantwortung für gute nährende soziale Kontakte zu übernehmen und diese zu pflegen.
Die volle Verantwortung für die berufliche Weiterentwicklung zu übernehmen.

Die Verantwortung für die emotionale und energetische Balance, also den Energiefluss der Liebesenergie im eigenen Körper optimal steuern und regulieren zu können und schlussendlich noch die Verantwortung für die finanzielle Entwicklung selbst zu tragen.

Wie du hier erkennen kannst, ist gelebte Selbstliebe auf jeden Aspekt des Lebens anzuwenden.

Was bedeutet es, die eigene Ganzheit zu spüren und zu aktivieren?

Mit diesem Seelenpartner war ich mehrere Jahre in einem interaktiven Prozess, wodurch ich für eine andere Beziehung nicht wirklich offen war. Somit habe ich damals ganz bewusst den markanten Zeitpunkt gespürt, als ich mich energetisch von meinem damaligen Seelenpartner abgenabelt habe, um männlich und weiblich in mir in die Balance zu bringen. Auf dem Weg zur wahren Liebe dürfen wir die eigenen weiblichen und männlichen Anteile in uns vereinen und auch jegliche weitere Polaritäten in uns in die Einheit bringen. So habe ich jegliche Aspekte der Trennung in mir aufgelöst und sie alle wieder in die Einheit geführt. So löst sich die Dualität in uns auf und die göttliche Einheit wird spürbar.
Des Weiteren war im Zuge der umfangreichen Eigenverantwortung auch wichtig, jegliches Gefühl von Opfer-Sein oder Selbstsabotage aus meinen Zellen zu entlassen und mein Schöpferbewusstsein, also Fühlen und Handeln intensiv zu integrieren und mein Göttinnen-Bewusstsein ins Bewusstsein zu bringen.

Da ich in den besten Jahren meines Frau Seins keine Sexualität gelebt habe, war ich nun herausgefordert, meine Liebesenergie weiter zu erforschen. In meiner Praxis habe ich auch die Menschen zur Selbstliebe, Herzöffnung und bedingungslosen Liebe begleitet. Im Lauf der weiteren Jahre gab mir die geistige Welt Impulse, wie ich die bei den Menschen die Blockaden im Becken lösen konnte, damit der Mensch wieder natürlich, kraftvoll, frei und unschuldig den Zugang zu seiner essenziellen Lebensenergie findet, um

ebenfalls das Basisgefühl des "Genährt Sein in sich selbst" auf Körper-,
Geist- und Seelenebene erfahren zu können.
Als Frau, die in einer christlichen Familie aufwuchs, kenne ich die Blockaden
der Keuschheits- und Schamgefühle im Becken nur zu gut, um zu wissen,
wie sehr sie einem natürlichen Körpergefühl im Weg stehen. So übte ich
mich darin, die Basis meiner Liebesenergie vom Becken, mit der Herzen und
der spirituellen Energie im Kopf in die Einheit zu bringen. Ich studierte und
praktizierte unzählige Atemtechniken, wie ich die Fülle an Liebe in mir selbst
zur Entfaltung bringen konnte. Wie du aus meiner Geschichte erkennen
kannst, kann der Verlust eines Menschen im Lauf der Zeit auch in einen
Gewinn für unsere eigene Entwicklung gedreht werden. In der Zeit wurde mir
auch das Symbol für die Ehe, mit den zwei Ringen, die miteinander
verschlungen sind, noch bewusster. Denn erst ein Mensch, der in der Fülle
an Liebe in sich angekommen ist, stellt einen Ring der Ganzheit von weiblich
und männlich dar. Und wenn Frau und Mann diese Ganzheit in sich aktiviert
haben, dann ist eine unendliche Fülle vorhanden. Man könnte es auch so
ausdrücken:
1 + 1 ist dann nicht 2, sondern: 1 + 1 = 3

In dem Zustand der eigenen Ganzheit kann dann zwischen Liebenden eine
neue Form der Sexualität und Verbundenheit spürbar werden, welche mit
etwas Training auch ohne körperliche Berührung bei beiden spürbar wird,
welche den ganzen Raum erfüllt und sich dann auch ins Universum
ausdehnen kann. Wenn sich die Fülle an Liebe in der Aura der Liebenden
spiegelt und ausdehnt und sich somit die geometrische Form des Herzens
manifestiert, werden beide aus diesem Energiefeld genährt.
Die Luft im Raum ist dann mit dem Feld der Liebe energetisch aufgeladen.
So kann man sich am Miteinander erfreuen und ist bereits durch das
Zusammensein und die Anwesenheit des anderen unendlich genährt und
beglückt.
Im Lauf der erweiterten Bewusstwerdung wird die Lebensenergie in unserem
göttlichen Tempel, so wie bei einem Baum von den Wurzeln, zum
Baumstamm, bis in die Äste und Blätter, also auch unser Herz, den Kopf und

die Hände erfassen, sodass wir den Energiefluss in jeder Zelle spüren können. Hier bleibt dann nur mehr zu sagen: Pantha Rei, alles fließt!

Abschließend möchte ich noch auf die emotionale Thematik eingehen. Der zweite Seelenpartner hat mir mitunter die Selbstwert-Thematik meiner Kindheit gespiegelt, welche ich scheinbar nur teilweise in mir erlöst hatte. Es werden uns im zwischenmenschlichen Bereich immer unsere nicht erlösten Schatten gespiegelt, im Sinne des Prinzips der Resonanz. Wichtig ist, dass wir nicht in die Falle der Projektion fallen und im alten Verhaltensmuster gefangen sind, dass der andere schuld sei, wenn es uns schlecht geht. Nur ein Mensch in starker Opfer-Mentalität, tendiert dazu, seine eigene Unfähigkeit und Unzulänglichkeit auf den anderen zu projizieren. Somit ist es ein Geschenk, wenn jeder bereits in seinem Schöpfer-Bewusstsein angekommen und den eigenen Teil der Verantwortung für sich übernommen hat. So kann erst eine niveauvolle Streitkultur im zwischenmenschlichen Bereich entstehen, die gerade in Liebesbeziehungen wesentlich ist, um in emotionalen Phasen einen klaren Kopf zu behalten und die geistigen Zusammenhänge verstehen zu können. Denn der Schmerz, der angetriggert wird, war ja immer vorher schon da, er wird uns nur durch den anderen wieder bewusst gemacht und erneut an die Oberfläche gespült, damit wir ihn nun auflösen können.

Menschen, die in der Opferrolle gefangen sind, haben ihre Täterrolle aus vergangenen Leben noch nicht anerkannt und sich diese noch nicht vergeben. Also steht in solchen Fällen die Schuldthematik der Herzöffnung im Weg. Zum Thema Vergebung habe ich in einer schwierigen Lebensphase einen wertvollen Text erhalten, den ich vielfach gesprochen habe und der mich unterstützt hat, die damaligen Gegebenheiten in einem neuen Licht zu betrachten und in die Akzeptanz zu gelangen.

Nun teile ich dir die berührenden Erkenntnisse und bewegenden Erfahrungen der weiteren Seelenpartnerschaft mit, welche mich eine gewisse Form der Vollendung spüren ließen. Potenzial-Entfaltung durch den dritten

Seelenpartner oder die Reise zur göttlichen Verschmelzung!

Mit dem neuen Seelenpartner sollte es also auf der geistig-seelischen Ebene noch tiefer ans Eingemachte gehen. Ich durfte durch ihn erfahren, wie ich mein Herz noch tiefgreifender öffnen und meine tiefsten und verborgenen Verdrängungen endlich auflösen konnte. Des Weiteren hat sich durch das kraftvolle Feld der göttlichen Liebe, welches zwischen uns zirkuliert, das Mysterium, der Liebe, die wir sind, mir noch umfangreicher erschlossen. Zwischen Seelenpartnern ist, wie bereits mitgeteilt, eine kosmische Verbindung vorhanden.

Das heißt, dass wir hier einen Zugang zur göttlichen Liebe erhalten, wo eine so starke Anziehungskraft zwischen beiden spürbar ist, welche das Ziel hat, beide zum einen in einen emotionalen und energetischen Reinigungsprozess zu führen, was dann in weiterer Folge zur göttlichen Verschmelzung führen kann, wenn beide ihre Lernaufgaben annehmen und umsetzen.
Der Spruch: "Was Gott verbunden hat, kann der Mensch nicht trennen", wird hier zur fühlbaren Realität. Dieser Spruch ist auf Seelenpartnerschaften bezogen, welche in der göttlichen Liebe schwingen.

In den Phasen der persönlichen Reflexion und Weiterentwicklung, wo sie nicht zusammen sind, verbindet sie dennoch das kosmische Band der Liebe. Die große Hürde für den männlichen Seelenpartner ist es, die Ego- und Verstandes-Strukturen loszulassen und alte Glaubensmuster der Art "Gefühle zu zeigen, ist eine Schwäche" oder "nur die Harten kommen durch und da nur 5 %", welche das ganze Leben mental und emotional prägten. Meist lebt er dadurch eher in einer Lernpartnerschaft, wo im zwischenmenschlichen Bereich die Ebene von Ego und Verstand dominiert und die emotionale Tiefe im Herzen noch nie in der Form gespürt und erfahren wurde. Dadurch werden beim Mann viele Ängste aktiviert. Angst, die Kontrolle zu verlieren, Angst, emotional überfordert zu sein, Angst, den Verstand zu verlieren, … Das ist eine durchaus berechtigte Angst, denn es geht ja um die Reise vom Kopf ins Herz. Solche Ängste stehen zusätzlich der göttlichen Verschmelzung der beiden oft im Weg.

Ich möchte hier noch einen weiteren Einblick in die männlich angelegten Strukturen geben. Grundsätzlich sind viele Männer darauf programmiert worden, sich auf der Verstandesebene auszudrücken und im zwischenmenschlichen Bereich zu dominieren.
Doch wenn ein Mensch nur seine linke rationale Gehirnhälfte nützt, ist das wie eine Einbahnstraße, die langfristig nicht ans Ziel führt, die Seele austrocknen lässt und Suchtverhalten fördert. Der Mensch sehnt sich instinktiv nach ganzheitlicher Erfüllung und diese kann nur stattfinden, wenn sich Körper, Geist und Seele harmonisch miteinander entfalten. So ist der Mann oft in der erweiterten Wahrnehmung und tieferen emotionalen Ebene blockiert, wenn er dem Herzgefühl und der Intuition wenig Raum und Aufmerksamkeit gibt.
Wenn sich ein Mensch vorwiegend durch den Verstand ausdrückt, damit einhergehend dazu tendiert, immer recht haben zu wollen, andere Meinungen als nicht so wertvoll erachtet, weil ihm das Ego suggeriert, besser und gescheiter zu sein, dann hat er dadurch erfolgreich alle Voraussetzungen geschaffen, sein göttliches Potenzial, welches in ihm grundgelegt ist, nicht optimal zur Entfaltung zu bringen. Somit ist der Mann, welcher sich in einer Lernpartnerschaft so weit entwickelt hat, um in einer Seelenpartnerschaft sein göttliches Potenzial zum Leben zu erwecken, eingeladen, auch seine weiblich fühlenden Aspekte und Anteile in sich zu integrieren, um seine innere Frau auf der ganzheitlichen Ebene wahrnehmen zu können.

Wir können erst in die Ganzheit gelangen, wenn wir den inneren Mann und die innere Frau in uns selbst spüren und vereinigen. Spätestens wenn ein Mensch beide Aspekte gleichwertig in sich vereinigt hat, kann sich jeglicher Konflikt mit dem anderen Geschlecht auflösen. Denn im Grunde sind wir alles und wir haben alles in uns. Trennung ist eine Illusion und wird dann zur persönlich erfahrenen Realität. So ist jene Person, welche emotional offen ist und die intensive Liebe zum Seelenpartner spüren und emotional zulassen kann, aufgefordert, ihre eigenen Lernthemen zu erkennen und in die Praxis umzusetzen. So kann die eigene Verschmelzung noch stärker forciert werden und die Energien von weiblich und männlich können im eigenen Körper zirkulieren.

Die lichtvolle Ebene möchte in uns weiter wachsen und sich entfalten, aber genauso möchte auch die dunkle Seite in einer Beziehung erkannt und verstanden werden. Den Spiegel im Außen für die eigene Reise zur Selbstheilung zu nutzen ist wesentlich! Wichtig ist, die göttliche Führung zu bitten, wie die Schatten des Gegenübers für die eigene Heilung und Bewusstwerdung genutzt werden können! Denn in jeder Schattenerfahrung steckt ein lichtvoller Funke, um den es hierbei geht. Wichtig ist, dass wir die negative Bewertung der Schattenerfahrungen loslassen und uns auf die Suche nach dem Geschenk machen.

Nun darf ich dir einen Einblick in meine lichtvolle Ebene, die göttliche Verschmelzung geben:
Je weiter sich eine Person entwickelt, desto mehr geht es im Leben um die Aspekte der eigenen Ganzheit und allen Bereichen, die damit verbunden sind. Zuerst darf die Person, welche die vielschichtigen Zusammenhänge in einer Seelenpartnerschaft erkannt hat, ihr Potenzial in die Praxis umsetzen. Das ermöglicht ihr ein tiefes Ankommen in sich selbst.

Das Potenzial der wahren Liebe wird dadurch lebendig, wenn die Anziehungskraft zwischen beiden auf der Ebene des Beckens, des Herzens und der spirituellen Ebene spürbar ist. Dieses Potenzial von Körper-Geist-Seele birgt das Potenzial in sich, beide in die höchsten Dimensionen des Universums zu katapultieren, wodurch es zu einer markanten Lichtkörperaktivierung kommt und das Christusbewusstsein spürbar wird. Dadurch erfahren Menschen in einer Seelenpartnerschaft das Mysterium von der Körperlichkeit der dritten Dimension bis zur alchemistischen Verwandlung in einen Lichtkörper der fünften Dimension.

Das Thema Erotik und Sinnlichkeit wurde viele Jahre gesellschaftlich ins schiefe Eck gerückt, teilweise darum, um die Menschen zu blockieren, diese tiefergehend zu erforschen und den göttlichen Sinn darin zu verstehen. So dürfen wir wertneutral zur Kenntnis nehmen, dass wir uns hierbei im dunklen Zeitalter befunden haben, wo es darum ging, die Erfahrung des Getrenntseins auf jegliche Art und Weise zu erfahren. Die Folge daraus ist, dass Erotik und Sinnlichkeit mit Missbrauchsenergie verknüpft ist, wodurch das Liebespotenzial zwischen Liebenden oft nicht in ihrem höchsten göttlichen Ausdruck entfalten werden kann, weil sich die Seele schon vor langer Zeit zurückgezogen hat und sich teilweise in einer Schockstarre befindet.

Wenn das Becken noch mit destruktiven Energien belastet ist, kann sich das Energiefeld im Menschen nicht frei und ungehindert entfalten. Viele Menschen sind in ihren Partnerschaften frustriert, weil die Sexualität nicht wirklich zur vollendeten Verschmelzung mit dem Ehepartner führt, sondern ein subtiler Schmerz des Getrenntseins zurückbleibt. Es braucht in jeder Beziehung eine Person, welche sich weiterentwickelt. Erst dann kann die andere Person ebenfalls diese Wachstumsschritte für sich umsetzen, wenn eine wirkliche Liebe zum Partner vorhanden ist und man das Gegenüber nicht verlieren möchte.

Die Basis der Liebesenergie, welche in uns angelegt ist, ist wie eine Eingangspforte, ein Tor, wodurch sich der Weg zum Herzen und unserem göttlich wahren Sein erschließen soll und darf. Im Becken ist unsere sexuelle Energie wie ein Feuer oder ein Vulkan, der sich wie göttliches Lava in jeder Zelle, in unserem gesamten göttlichen Tempel, ausbreiten und verströmen möchte, welcher das Potenzial hat, unsere Gesundheit und Zellregeneration vielschichtig zu optimieren und die Kraft hat, unsere Schwingung enorm zu erhöhen, wenn alle Kanäle zuvor mit den entsprechenden Atemübungen aktiviert und verbunden wurden. Wenn wir die sexuelle Energie mit einem Partner nur auf der Ebene des Beckens miteinander vereinigen und das Herz dabei noch verschlossen ist, dann führt das oft zu Frust und Depression in der Beziehung. Denn die Energie zwischen Mann und Frau gelangt nicht zum optimalen Austausch, weil die Seele und das Herz-Zentrum, welche bei bewusster Aktivierung, das aufgebaute Energiepotential in die höheren spirituellen Kopfbereiche transferieren kann, eher unbeteiligt bleiben. Es gilt also die verschiedensten Ebenen in uns zu aktivieren, bevor wir die erwünschte Verschmelzung fühlen und wahrnehmen können.

Ich darf dir hier die Schritte dazu aufzeigen, zuerst die grundsätzliche Basis und in weiterer Folge der Weg zur Verschmelzung:

1. Die Opferrolle loslassen und für alles die Verantwortung im Leben übernehmen. Sich der eigenen Schöpferkraft bewusst werden.

2. Die Bewertung vom Kopf in jeglichen Stress-Situationen immer wieder loslassen und tief und umfangreich alle Schatten fühlen und ans Licht bringen, damit die Selbstliebe lebendig wird.

3. Den Schutzpanzer der Kindheit analysieren, erkennen und zur Auflösung bringen, damit das wahre Selbst zum Vorschein gelangt und tiefergehende Herzöffnung möglich wird.

4. Aus dem Schreiben der Schatten-Themen im Seelen-Stammbaum die wahre Berufung verstehen und das wahre Selbst darin zu erkennen.

5. Das Ego weiter loslassen für die Entfaltung der wahren Berufung, um zur rechten Zeit am rechten Ort sein zu können und mit dem wahren Leben verbunden zu sein. Das Loslassen des Egos ist in Seelenpartner-Beziehungen auch deswegen wichtig, da es hier um die göttliche Verschmelzung geht und die Anhaftung an das Ego verhindern würde.
Auf der Reise zur bedingungslosen Liebe auf der emotionalen Ebene sind wir ebenfalls eingeladen, unser Ego, Besitzansprüche, Eifersucht, …
loszulassen, denn diese niedrige Schwingung verhindern den Aufstieg in die

fünfte Dimension. Du kannst es dir so vorstellen, dass sich ein Adler nicht in die erweiterte Perspektive erheben kann, wenn er einen schweren Stein schleppen muss. Er haftet an der Erde und der stofflichen Ebene an.

6. Wenn sich die Wachstumsschritte mit einem Seelenpartner im Bereich "Bedingungslose Liebe" zeigen, dann gehört dieser Lernprozess für uns dazu, jegliche Bedürftigkeit und Erwartungen loszulassen, was wiederum der eigenen Herzöffnung dienlich ist. Höhere Liebesschwingung wird im Menschen aktiviert und das Ego wird auf der emotionalen Ebene weiter losgelassen.

7. Fremdenergien erkennen, Besetzungen und Selbstsabotage-Programme loslassen, Seelenanteile zurückholen

8. Karmische Verstrickungen mit anderen Menschen auflösen und Ahnenheilung forcieren

9. Tief sitzende Selbstwertblockaden lösen, Selbstliebe, Selbstermächtigung, Selbstfürsorge praktizieren

Weitere Dimensionen zur Ganzheit und Verschmelzung entfalten:

1. Selbstliebe-Ritual praktizieren, indem die Liebesenergie im Becken aktiviert und mit dem Herzen durch bewusste Atemlenkung verbunden wird. Die Liebesenergie intensiv energetisch spüren (ohne Orgasmus). Für optimale Energiesteigerung 21 Tage täglich durchführen, um eine stabile Verbindung von Becken und Herz aufzubauen und verankern zu können.

2. Danach Energie-Kanal vom Becken bis zum Scheitel aktivieren und durchführen. Entweder allein vor dem Spiegel oder mit Übungspartner. Eine zutiefst berührende Erfahrung ist es, wenn wir dadurch im 3. Auge unser göttliches Sein spüren können und die feinstoffliche Energie im Kopf- und

Kronenzentrum wahrnehmen können. Hierbei wird auch die Zirbeldrüse aktiviert, welche die Hellsichtigkeit forciert.

3. Liebevolle Massage geben und nehmen, in Kombination mit dem Aktivieren der weiblichen und männlichen Anteile, auf der körperlichen Ebene.

4. Bewusste Atemlenkung im Bereich von Kopf und Nase, damit im gesamten Kopfbereich die feinstoffliche Energie durchlässig zirkulieren kann.

5. Vereinigung der linken und rechten Gehirnhälfte, wodurch die Ganzheit im Kopfbereich aktiviert wird.

6. Den großen Kreislauf atmen (Kundalini beginnend im Rücken hoch strömen und vorne in der Körpermitte wieder nach unten fließen lassen) und alle markanten Energiepunkte bewusst spüren.

7. Die bedingungslose Liebe hat das Herz-Zentrum vielfach erweitert und von alten Schlacken gereinigt, sodass es dadurch offener und durchlässiger wird und wodurch das wahre Selbst besser spürbar wird. Die hohe Schwingung, welche die bedingungslose Liebe im Menschen erzeugt, wird in Kombination mit den verschiedenen Atemtechniken stabilisiert.

8. In der Meditation den weiblichen und männlichen Anteil integrieren. Spätestens hier wird im Menschen spürbar, dass beide Aspekte in ihm lebendig sind.

9. So kann die Entwicklung von der 3. Dimension in die 5. Dimension manifestiert werden und der Mensch sich aus der rein materiellen Ebene in die lichtvolle Dimension erheben, die alte Matrix seines Lebens loslassen und die gewünschten Veränderungen ins Leben bringen. Die Manifestationskraft wird in der fünften Dimension verstärkt.

10. So wird das mehrdimensionale Bewusstsein wieder in uns aktiviert und
wir klinken uns wieder in das Gott- bzw. Göttin-Bewusstsein ein, was unser
ursprüngliches Naturell darstellt.
Hier ist das Feld der eigenen Verschmelzung eins mit der göttlichen Einheit.

So können wir in ständiger Kommunikation mit unserem göttlichen Selbst
sein und höhere Frequenzen der Wirklichkeit wahrnehmen.
Die Entfaltung des Lichtkörpers aktiviert auch unser Bewusstsein, und wir
richten uns auf die fünfdimensionale Resonanz der Wirklichkeit aus. Dadurch
geht unser fünfdimensionaler Lichtkörper mit der fünfdimensionalen neuen
Erde in Resonanz, und wir unterstützen Mutter Erde effektiv in ihrem
Aufstieg, den sie ebenfalls in dieser Zeitqualität durchführt.

Da ich viele Jahre die Jahreskreisfeste mit Menschen gefeiert und intensiv
zelebriert habe, verlinke ich dir hier ein Walpurgis-Ritual, welches ich vor
einigen Jahren mit mehreren Menschen virtuell auf Facebook durchgeführt
habe.
Denn hierbei geht es auch um unsere Ganzheit, dass wir die Verbundenheit
mit uns selbst und die Verbundenheit mit Mutter Erde spüren und integrieren.

Link zum Youtube-Kanal: https://www.youtube.com/@martineum888

Klicke auf die Playlist „Martineum Wohlfühloase"

Magisches Walpurgisritual:

https://www.youtube.com/watch?
v=7TJoVgVLGVM&list=PLYQG9YgjXhLQU2bYsTMtoUlnnkE_7BlZY&index=
41

Seelenpartner und der Aufstieg von Mutter Erde

Der intensive Seelenpartner-Prozess hat mich also unterstützt, meinen Lichtkörper umfangreich zu aktivieren. Des Weiteren ist mir bewusst, dass ich eine alte Seele bin und auch deswegen dieses Wissen in mir aktivieren durfte, um Mutter Erde bei ihrem Aufstieg unterstützen zu können. Wie du hier erkennen kannst, haben göttliche Liebesbeziehungen nicht nur einen Selbstzweck, sondern sie sind eingebunden in das große Ganze, um ein enormes Energie- und Wachstumsfeld für sich selbst, ihr Umfeld und den ganzen Planeten zu erzeugen und zu manifestieren. Denn wie Tesla schon sagte: "Alles ist Schwingung und Vibration".

Wenn wir das Universum verstehen wollen, dürfen wir uns ein tieferes Verständnis von Schwingungen und Vibrationen aneignen. Denn wenn zwei Menschen mit ähnlichen Schwingungen zusammenkommen, verstärkt sich die sogenannte Welle und lässt ein enormes Energiefeld entstehen, welches die Kraft hat, sich weit ins Universum hinaus auszudehnen. Man nennt dies auch Konstruktive Interferenz oder Harmonische Resonanz. Wenn man hellsichtig ist, kann man ein starkes energetisches Feuerwerk hierbei betrachten.
Daher ist das Zusammenkommen und die Entfaltung der göttlichen Liebe zwischen Seelenpartnern für die gesamte Menschheit von besonderer Bedeutung in dieser Zeit, in der sich mitunter die Spreu vom Weizen trennen wird.

Oft ist zwischen Seelenpartnern das berufliche und private Potenzial vorhanden, welches zum Wohle des Ganzen entfaltet werden möchte. Zum Thema "alte Seele" möchte ich noch mitteilen, dass diese schon viele Inkarnationen hier erfahren und absolviert haben und seit Anfang an mit Mutter Erde innigst verbunden sind.

Viele alte Seelen sind nun auf Mutter Erde, um ihr beim Aufstieg zu helfen. Kein Mensch lebt für sich allein, alles ist mit allem verbunden. Es könnte also möglich sein, dass dies meine letzte Inkarnation ist. Mutter Erde hat alle alten Seelen gerufen, in dieser Zeit unterstützend und hilfreich in ihrem höchsten Licht präsent zu sein. Somit ist unser persönlicher Prozess der Herzöffnung und die Reise zur Liebe und die Entfaltung der wahren Berufung auch mit dem Prozess von Mutter Erde verknüpft.

Diese Umwandlung geschieht zuerst im Kleinen, damit sie dann im Großen stattfinden kann. Die geistigen Gesetze, wie innen so außen, wirken auch hier. In der fünften Dimension sind wir frei von Zeit und Raum, es gibt somit keinen Anfang und kein Ende, sondern nur das EINE im JETZT, wodurch wir den Fluss der Zeit ins JETZT der höheren Frequenzen der Wirklichkeit transzendieren dürfen.

Herzschmerz auflösen, Seelenpartner und die Reise in die nächste Dimension

Durch meine Seelenpartner habe ich viele Schattenerfahrungen erlebt, die mich alle Kraft und Energie gekostet haben und welche mich tief in die Dunkelheit und Destruktivität des menschlichen Seins eintauchen ließen. Die Frage war damals für mich: Wie gehe ich damit um, wenn der Herzschmerz so stark ist, dass energetisch betrachtet, das Herz innerlich blutet und ich nicht weiß, wie ich diese Blutung stoppen kann? Und wie gehe ich damit um, wenn mich ein Gedanke so quält, dass er in mir enormen Schmerz und Verzweiflung auslöst?

Genau hier war ich als bewusster Mensch enorm gefordert, an den schweren menschlichen Krisen nicht zu zerbrechen, sondern vielmehr mich zu fragen, wie finde ich den passenden Schlüssel und wie ist es mir jetzt möglich, die tiefste Dunkelheit und den stärksten Schmerz zu überleben und in eine neue erträgliche Ebene in mir zu transferieren.
Ich durfte hierbei einige transzendierende Erfahrungen sammeln, welche mich dabei in komplett neue Bewusstseinsebenen katapultiert haben. Als ich damals gelesen habe, dass unbewusste Menschen in schweren Krisen in ein schwarzes Loch fallen und bewusste Menschen sich hierbei in die höchsten Dimensionen erheben, kann ich das aus eigenen Erfahrungen bestätigen, dass hier ein Zusammenhang besteht. Hier wird auch wieder ersichtlich, wie die Polarität von Schatten und Licht wirksam ist.

Für viele Menschen soll im zwischenmenschlichen Bereich Liebe immer vordergründig spürbar sein. Viele Menschen klammern sich daran, dass sie mit vielen Kompromissen ihren langjährigen gewohnten Status quo um alles in der Welt aufrechterhalten wollen, auch wenn die Liebe längst kein Thema mehr ist, sondern von Gewohnheit, Abhängigkeiten, Langeweile, emotionaler Distanz und Süchten geprägt ist.

In der Liebe zwischen Seelenpartnern zeigt sich äußerlich auch manchmal ein konträres Bild in Form der Distanz, Schmerz oder Ablehnung. Doch wenn wir einen klaren Geist und ein offenes Herz haben, ständig mit der göttlichen Führung in Verbindung stehen, können wir es schaffen, hinter die Kulissen des Lebens zu blicken, Zusammenhänge zu erkennen und die Liebe in Form des persönlichen seelischen Wachstums zu finden, welches aus der jeweiligen Situation für uns geschehen möchte.

Denn die Frau darf die wahre Selbstliebe in jeglichen Lebensbereichen voll zur Blüte bringen. Auf der Reise zur wahren Liebe dürfen jegliche Abhängigkeiten aufgelöst werden und die volle Eigenverantwortung aktiviert werden, damit am Ende die reine Liebe fließen kann, ob mit diesem oder einem anderen Seelenpartner, der für uns, nach Beendigung der Lernaufgaben vorherbestimmt ist.

Die Geschenke, die wir dann erhalten, sind, dass wir endgültig die mentale Gedankenebene loslassen können, welche uns auf einem niedrigen Schwingungsniveau gehalten hat und dass wir uns durch die emotionale Herausforderung ebenfalls in die fünfte Dimension ausdehnen können. Wir gelangen dadurch zu einer höheren Reife, wo wir im Einklang mit der göttlichen Schöpfung und dem göttlichen Plan unser Leben weiter gestalten können.

Wir erkennen, dass wir selbst die kosmische Attraktion und die kosmische Intelligenz sind, die sich durch uns ausdrücken möchte. Das alte Weltbild in uns darf zerfallen und wir lassen die Eischale los. Dadurch wird unsere magnetische Anziehungskraft stärker und das wahre Selbst noch präsenter in uns. Wir können auch jedes Klein machen aus der Dualität, welches lange in unserem Menschsein vorhanden war, endgültig loslassen.
In der fünften Dimension haben wir uns über die stoffliche materielle Illusion erhoben, wir können hindurchblicken und erkennen unsere Heimat im Formlosen, im großen Geist, der sich durch uns erfährt.

Dadurch löst sich die Täuschung im außen auf und das Licht der Liebe bleibt übrig.
In dem Zusammenhang ist auch alles, was wir materiell in schwierigen Zeiten loslassen dürfen, für unser spirituelles Wachstum wie ein Geschenk, wie alten Ballast, den wir loslassen, denn es führt uns oft erst dadurch tiefer zu unserem eigentlichen Kern des wahren Seins.

Somit bricht ein Schmerz unser Herz zu Beginn der Transformation massiv auf, damit es weich und sensitiv wird, damit wir wahrhaftiges Mitgefühl entfalten, uns in der göttlichen Demut verankern und dadurch heilen und tiefgreifend lieben können, womit wir auch fähig werden, anderen Menschen ihre Unzulänglichkeiten leichter vergeben zu können.

Wenn wir uns in der höchsten Einheit befinden, können wir eine neue Realität für unser Leben kreieren. Denn eine neue bewusste Gedanken-Kreation erzeugt im morphogenetischen Feld eine spezielle Vibration. Und wenn diese regelmäßig in uns aktiviert wird, ziehen wir dadurch die gewünschten Dinge und Situationen in unser Leben.

Wir entkoppeln damit die alten Programme aus dem Unterbewusstsein, sodass sie sich auflösen können. Des Weiteren wird durch die Harmonisierung der Neutronen bei der Harmonisierung von Herz und Gehirn möglich, dass wir in einen Gamma-Gehirnzustand eintreten, so wie es tibetanische Mönche und Nonnen seit Jahrhunderten tun, wie ich von Gregg Braden gehört habe.

Wir realisieren dadurch das Gefühl von Einheit und Verbundenheit und der Zustand von örtlicher und persönlicher Begrenztheit löst sich auf. Auch können wir dadurch schneller etwas Neues erlernen, da hier ein hohes Erinnerungsvermögen besteht.

Des Weiteren wirkt so ein Bewusstseinszustand wie ein Antidepressivum, wodurch der Mensch nicht im Kampf- oder Fluchtmodus ist. Es besteht Zugang zu tiefster Intuition und wir können in eine tiefe Kommunikation mit dem Energiefeld der göttlichen Matrix treten. Wenn sich ein Mensch in einem Theta-Zustand befindet, ist das zudem ein tiefer Zustand der Heilung.

Welche Challenge wir im Leben auch immer erfahren mögen, durch alle meine intensiven Lebenserfahrungen kann ich sagen, dass erst die Schattenerfahrungen das Potenzial in mir bis aufs Äußerste aktiviert haben, mich in die nächste Dimension des Seins zu führen.

Die Einladung, die Bewertung loszulassen, ist in den schwierigen Lebensphasen essenziell und unerlässlich, um im Drama seelisch nicht unterzugehen und die Ausfahrt in die nächste Dimension auch wirklich nehmen zu können. Seelenpartner werden zueinander geführt, damit sie sich wechselseitig in ihrer Potenzialentfaltung unterstützen, eine gemeinsame Aufgabe umsetzen und mitunter auch, um das Mysterium der göttliche Liebe zu erfahren, um so die Schwingungserhöhung und Bewusstwerdung der Menschen und der Erde begleiten zu können.

In den herausfordernden Prozessen, welche zwischen meinem Seelenpartner und mir stattgefunden haben, erfuhren unsere Seelen tiefgreifende Heilung und erweitertes Bewusstsein. Um in der wahren Liebe und Selbstheilung anzukommen, ist auch die Entfaltung der wahren Berufung und des wahren Selbst essenziell.
So integriert der Mensch seine eigene Göttlichkeit. So kann die reine Energie zwischen beiden fließen und ein harmonischer Austausch stattfinden.

In den ersten Gesprächen mit meinem Seelenpartner Joshua erfuhr ich, dass es seine Aufgabe ist, die wahre Berufung und wahre Identität im Menschen zu erkennen. Als langjähriger Marketing-Praktiker und Mensch mit einem tiefen Seelenblick, ist er auf den wahrhaftigen Kern des Menschen, wie er im Ursprung gedacht war, ohne die Panzerungen, welche wir uns in der Kindheit auferlegten, ausgerichtet. Die Thematik des wahren Selbst, wer wir wahrhaftig in Gott sind, hat ihn selbst über viele Jahre beschäftigt, und so lud ihn seine Seele ein, die eigenen Masken und Verhaltensmuster schrittweise immer mehr loszulassen.

Als ich ihn auf dem Weg zur Herzöffnung begleiten durfte, fühlte es sich so an, als wäre er bereits in einem Geburtskanal, wo ich ihm als Geburtshelferin diente, ihn im Feld der göttlichen Liebe geborgen hielt, damit das wahre Selbst in ihm schlüpfen konnte.

Meine prägenden Lebenserfahrungen hat er dann in Zusammenhang zu meiner Berufung gebracht und ihm wurde durch seine eigene bewegte Metamorphose bewusst, dass es seine Berufung ist, die Menschen zu ihrer Umkehr zu Gott, zum wahren Selbst, zu begleiten.

Wie ich bei Joshua wahrnehmen kann, ist auch er eine alte Seele, welche sich für diese Inkarnation vorgenommen hat, in ihrer göttlichen Essenz zu erstrahlen. So habe ich mich im Laufe unserer Gespräche daran erinnert, dass es die Urchristen bzw. "Ankana Te" gibt, jene Seelen auf der Erde, welche seit Anbeginn mit Jesus Christus in bedingungsloser Liebe über alle Inkarnationen verbunden waren und jetzt auf Mutter Erde wieder inkarniert sind.

Wie ich es wahrnehme, dürfen sich diese alten Seelen in dieser Zeit wieder zusammenfinden und an ihrem vorherbestimmten Platz und ihrer göttlichen Identität, in ihrer ureigenen Qualität wirken!

Bei unserem Projekt richten wir den Fokus darauf, Herzensmenschen zu ihrer wahren Berufung und ihrer Einzigartigkeit zu begleiten, damit sie genau das tun, warum sie jetzt hier inkarniert sind. Es ist ein Zeitfenster, wo neue Berufe entstehen werden. So ist es am Beginn der Neuen Zeit, im Jahr 2024 so weit, dass sich diese beherzten Seelen wieder finden und zusammenwirken dürfen.

Nun darf ich dir weitere Details von der Reise zum wahren Selbst berichten.

Wie fühlt es sich an, diese anzutreten und umzusetzen?

Als Metapher gesprochen, ist es so ähnlich, als würde man einen kleinen Diamanten, der viele Jahre in vielen Schachteln gut verpackt war, schrittweise von jeglicher Verpackung befreien, bis der Diamant in der Essenz übrig bleibt und seine starke Schwingung und sein Energiefeld im Raum spürbar wird.

Je weiter wir unser innewohnendes göttliches Potenzial zum Leben erwecken, desto näher gelangen wir zum göttlichen Sein. Vielleicht kann man es auch so betrachten, als würde man mutig und beherzt, die Reise zur reinen Seele antreten und sich auf der Reise dadurch immer stärker mit der göttlichen Quelle verbinden. Je weiter man geht, umso mehr Ballast lässt man los, der für den nächsten Abschnitt hinderlich ist.

Wenn ich zurückdenke, habe ich mich mit meiner göttlichen Ich bin-Präsenz schon vielfältig beschäftigt, was durch ein Loslassen oder Harmonisierung der mentalen Ebene und durch die Entfaltung des Lichtkörpers bereits intensiv spürbar wurde. Doch das Geschenk, welches ich durch Joshua erhalten habe, war, dass ich durch das Schmelzen meiner Schutzschilde einen Zugang zu den tiefst verdrängten emotionalen Schattenthemen erhielt, sodass ich diese fühlend in mir ans Licht bringen konnte, was mich zutiefst berührt hat.

Bewusste Frauen und Männer beschäftigen sich in der Regel immer wieder mit den eigenen emotionalen Themen und haben gelernt, sich ehrlich zu reflektieren und die Spiegel im außen für die eigene Bewusstwerdung zu nützen. Doch wie wird man emotional so offen, dass man bis an den Urgrund der Seele hinabtauchen und bis zur Wurzel der eigenen Schatten in eine fühlende Wahrnehmung gelangt?

Diese Möglichkeit wurde mir, ehrlich gesagt, sehr unverhofft, durch meinen Seelenpartner offenbart, was mich in der Intensität wahrlich überraschte. Erst wenn wir uns für die Geschenke öffnen, welche andere Menschen für uns parat haben, verstehen wir den tieferen Sinn der jeweiligen Begegnung.

In dieser Reflexion mit ihm konnte ich klarer sehen, dass unsere Persönlichkeit, bis zu einem gewissen Grad, ein teilweises künstliches Konstrukt ist, welches wir uns im Lauf der Jahre auferlegt haben. Somit gilt es, in der eigenen Seelenschau zu erkennen, welche Verhaltensmuster man sich in der Kindheit zugelegt hat und wie diese unser Leben im Umgang mit uns selbst und unseren Mitmenschen beeinflussen.

In Wirklichkeit will sich die Seele dem anderen in der höchsten Wahrhaftigkeit zeigen, so wie sie in Gott wahrhaftig ist. Nur so ist echte Nähe und Intimität möglich. Intimität nicht nur auf der körperlichen Ebene, sondern auch auf der emotionalen Ebene, wo offenen Herzens echte Begegnungen von Seele zu Seele stattfinden können.

Somit bin ich dankbar, meine Fixierungen und Verhaltensmuster erkannt zu haben, welche ich als kleines Mädchen in mir etabliert habe. In der Kindheit sind wir eben sehr offen und dadurch sehr verletzlich. Meist haben die Eltern und das Umfeld nicht ausreichend Feingefühl und Achtsamkeit oder wir erfahren Leid, Mangel oder Verlust von geliebten Menschen. Da ein Kind Gefühle und Bedürfnisse nicht optimal ausdrücken kann, baut es als Überlebensstrategie verschiedene Schutzmauern auf, um mit weiteren Verletzungen, Unzulänglichkeiten und Konflikten der Eltern, Mobbing in der Schule, Mangel an Zuwendung, … besser umgehen zu können.

Je mehr Verletzungen Menschen erfahren haben, desto stärker ist der Fokus des Menschen auf den Verstand ausgerichtet. Dadurch gibt es auch viele Menschen, die alles rationalisieren, also immer aus dem Verstand reden und argumentieren.

Es fehlt teilweise jene Kommunikation, wo Herz und Hirn miteinander verbunden sind. Das würde man dann als Herz-Hirn-Kohärenz bezeichnen. Diese kann erst entstehen, wenn wir wieder offene, durchlässige und fühlende Wesen werden und das Herz-Zentrum lebendig ist.
Und alle diese Geschenke wurden mir zuteil, als ich mich darin geübt habe, meine Masken fallen zu lassen und jene Schutzpanzer, die noch in mir vorhanden waren, schmelzen zu lassen, obwohl ich mich bereits seit jeher als echten Herzensmenschen bezeichnen kann.

Doch die Stufen in den Himmel sind viele an ihrer Zahl, wie ich nun aus eigenen Erfahrungen weiß. Somit wurde mir in der erweiterten Herzöffnung bis in die tiefsten Schichten meiner Seele bewusst, dass andere Herzensmenschen ebenfalls noch nicht den optimalen Weg gefunden haben, wie sie tief sitzende Blockaden und stark verdrängte Emotionen nachhaltig in sich auflösen können, wie ich es im morphogenetischen Feld wahrgenommen habe.

Zur Herz-Hirn-Kohärenz möchte ich noch folgendes ergänzen:
Das Ziel besteht darin, das ganze Zellsystem auf die richtige Frequenz
abzustimmen. Die ideale Frequenz liegt bei 0,1 Hz. Bei dieser Frequenz ist
wissenschaftlich erwiesen, dass der Körper Enzyme aktiviert, die den
Alterungsprozess verzögern, die kognitive Funktion verbessern, unser
Immunsystem stärken und die Produktion von DHEA, der Vorstufe aller
Hormone, fördern.

Wie erreicht man die Frequenz von 0,1 Hz?

In Verbindung mit einer gesunden Ernährung ist die primäre Methode zur
Aktivierung der Herz-Hirn-Kohärenz eine Zehn-Sekunden-Atemtechnik. Mit
einer Atemfrequenz von fünf Sekunden Ein- und fünf Sekunden Ausatmung,
während man bewusst positive Gedanken und Emotionen hervorruft, kann
man die Herz-Hirn-Kohärenz aktivieren. Wenn man in weiterer Folge seinen
Lichtkörper aktiviert und den großen Kreislauf mit anderen Atemtechniken
kombiniert, ist die Herz-Hirn-Kohärenz intensiver spürbar.

Raum für persönliche Notizen:

Unterbewusstsein -
Alte Programmierung loslassen

Ich möchte hier noch hinzufügen, dass sich ein Kind bis zum 7. Lebensjahr im Theta Zustand befindet und daher das Energiefeld und das Bewusstsein der umgebenden Menschen automatisch in sich aufnimmt. Diese werden im Unterbewusstsein abgespeichert und steuern im Erwachsenen noch die eigenen Lebenserfahrungen, wodurch sich erklären lässt, warum manche Menschen die unerwünschten Erfahrungen ihrer Kindheit oft im zwischenmenschlichen Bereich, wie in einer Dauerschleife, erleben.

Somit ist der Erwachensprozess zum wahren Selbst auch in der Hinsicht ein wertvolles Geschenk an sich selbst, da sich der Mensch aus der alten Matrix seiner Ahnen befreien kann und eine neue Schwingung, ein neues Energiefeld, in sich dadurch erzeugt. Denn das Festhalten in der Gedankenspirale hält uns in der alten gewohnten Matrix fest und das Erwachen zum wahren Selbst befreit dich auch vom Ballast der Vergangenheit. Denn zu 95 % gestaltet sich unser Leben aufgrund der abgespeicherten Erfahrungen im Unterbewusstsein, welche wir in der Kindheit unbewusst aufgenommen haben. Unser Leben spiegelt diese Programme des Unterbewusstseins wider.

Wenn etwa die Eltern viel gestritten haben oder die Mutter in ihrer Partnerschaft sehr viel geweint hat und dadurch sehr frustriert war, dann speichert das Kind im Unterbewusstsein jene Emotionen automatisch ab, dass eine Partnerschaft viel Schmerz auslöst und sehr traurig macht, einfach, weil es im Umfeld so wahrgenommen wurde. Wenn du dich zur Selbstliebe entwickelst und dadurch dein höchstes Potenzial aktivierst, entsteht der Theta-Zustand, wenn wir im Seins-Zustand ankommen. Dadurch kann die neue erwünschte Ausrichtung, dass Partnerschaft mit dem Gefühl von Glück, Harmonie und Erfüllung assoziiert wird, gemäß deinen

Herzenswünschen in dir aktiviert werden. Überlege zuerst, welches Programm du ändern möchtest.

Zum Beispiel: Ich bin gesund, Ich bin glücklich, Ich bin geliebt.
Affirmation: Ich bin glücklich und erfüllt, in Liebe und Beruf!

Wenn du in hohem Bewusstsein deinen neuen Kraftsatz häufig wiederholst, erzeugt das ein Schwingungsfeld in dir und, wie bereits an einer anderen Stelle mitgeteilt, sucht jede Schwingung laut Resonanzgesetz die entsprechende Schwingung im Außen. So ist es wichtig, im Theta-Zustand diesen Satz zu wiederholen, sodass du in dieser Schwingung bist, wonach sie dann im außen in Resonanz gehen kann. Denn, Gleiches zieht Gleiches an!

Für die "Neuinstallierung" gibt es also zwei Varianten der Umsetzung.

1. Eine Meditation mit Kopfhörern im Theta Zustand mit der gewünschten Neuausrichtung anhören.

2. Die Macht der Wiederholung praktizieren, wenn du dich selbst in den Theta Zustand versetzt und die neue Ausrichtung regelmäßig in einer hohen Schwingung aussprichst und wiederholst.

So wird im Lauf der Zeit das Unterbewusstsein mit der neuen Information geflutet. Die neue Software kann idealerweise erst installiert werden, wenn wir unsere Verhaltensmuster der Kindheit verstanden und in die Auflösung gebracht haben und wenn wir die Geschenke unserer herausfordernden Lebenserfahrungen erkannt, verstanden und angenommen haben.
Denn, wie bereits erwähnt, jeder Schatten, den wir erleben, birgt ein Licht in sich.
Wenn wir uns verstanden fühlen und uns emotional öffnen und reflektieren können, ist nachhaltige Veränderung möglich. Wenn man keine Angst hat,

bewertet zu werden, kann man Menschen auch hinter die Kulisse des
Lebens blicken lassen, wodurch Frieden in uns einkehren kann.

Der Seelenpartner-Prozess ist ein großes Geschenk für uns selbst. Falls
Joshua und ich für eine weitere Zusammenarbeit vorgesehen sind, wird sich
das im Lauf der weiteren Zeit zeigen. Grundsätzlich wären wir wie zwei
Zahnräder, welche gut ineinander greifen.
Dieses Potenzial kann aber erst gelebt werden, wenn die emotionale und
spirituelle Reife relativ gut entfaltet wurde.

Aus meinem heutigen Standpunkt betrachtet, empfinde ich es als essenziell,
dass man als Vorbereitung für eine echte Liebesbeziehung, das wahre
Selbst in sich zum Leben erweckt und alle Schatten in sich zur Heilung
bringt, alles bereit ist, loszulassen, was einem von der wahren Liebe fern
hält.
Denn es sind nicht nur Verpanzerungen, die uns lange von uns selbst
fernhalten, es sind auch viele Verschleierungen, mit denen wir uns selbst im
Weg stehen und den wahrhaftigen Blick dadurch nicht mehr für uns, unser
Leben und unser Gegenüber haben. Denn erst, wenn wir für uns selbst nackt
und wahrhaftig sind, ist eine Verschmelzung mit dem Seelenpartner möglich.
Wenn beide ihre Ego-Persönlichkeit loslassen, kann erst ein wirkliches Feld
der göttlichen Einheit entstehen, wo sich viele Menschen nach dieser Einheit
sehnen und nicht wissen, wo genau sie danach suchen sollen und wie dieses
zum Leben erweckt werden kann.

Diese Form der Vereinigung wird nicht gefunden, wenn sich Menschen nur
mit verschiedenen Orgasmustechniken beschäftigen oder dem Partner im
Gespräch die emotionalen oder erotischen Wünsche mitteilen. Wirkliche
Vereinigung und Verschmelzung birgt viele Bausteine in sich, welche wie
geschliffene Zahnräder optimal ineinander greifen sollten. Es geht dabei um
Harmonie auf der körperlichen, geistigen und seelischen Ebene.
Welch ein Geschenk ist es, wenn auch in langjährigen Partnerschaften die
Bereitschaft gegeben ist, dass sich Menschen weiterentwickeln und sich der

wahren Sehnsucht ihrer Seele öffnen, ihr wahres göttliches Sein zu aktivieren und wenn ihnen bewusst wird, wie es um ihre wahre Berufung bestellt ist, wie sie am Beginn der neuen Zeit den Menschen optimal dienen dürfen. Denn wenn ein Mensch auf der ganzheitlichen Ebene in die göttliche Ordnung gelangt, entsteht ein Dominoeffekt, der sich auf andere Menschen überträgt, wie eine Welle der göttlichen Wahrhaftigkeit, welche sich ausdehnt.

Wenn sich in dieser Zeit markante Veränderungen, wie der Verlust des Arbeitsplatzes, der Wohnsituation, der Partnerschaft, … zeigen, kann es hier die Einladung oder Aufforderung vom Leben sein, das eigene Potenzial weiter zu entfalten. Denn das Leben nimmt uns nie etwas, ohne uns etwas Wertvolles dafür zu schenken.

Wir sind als eine Einheit von Körper, Geist und Seele gedacht. Und das Geschenk der göttlichen Einheit möchte in dieser Zeit zu vielen Menschen gelangen. Ich denke, die Zeit im Jahr 2021 ist für alle Menschen wichtig, um sich in jedem Lebensbereich ehrlich zu reflektieren, was sich stimmig anfühlt und in welchem Bereich man sich vielleicht selbst belogen oder betrogen hat. So wie eine neue Morgendämmerung anbricht, dürfen wir selbst auch gereinigt aus unserer eigenen Metamorphose auferstehen.

So wie Jesus es uns vorgelebt hat, uns dem hingeben, was sterben möchte, damit der neue Mensch in Gott auferstehen kann. Wenn ich an alle meine Lebenserfahrungen zurückdenke, bin ich im Laufe des Lebens mit Tod und Auferstehung auf vielfältigste Weise vertraut gemacht worden.

Somit kenne ich das Gefühl sehr gut, in diversen Neuorientierungsphasen im Gottvertrauen verankert zu sein und der Stimme des Herzens zu vertrauen.

Wohin geht die Reise des Lebens?
- Wie führt dich das Leben?

Wenn das Ankommen in der eigenen Göttlichkeit am Plan steht, dann kann es sein, dass wirklich markante Bereiche im Leben völlig wegbrechen. Auch ich habe das persönlich erfahren.

Ich hatte ein Ferienhaus und als ich mein Marketing geändert habe, wirkte sich das auf die Buchungslage nicht optimal aus. Ich habe es als Zeichen gesehen, das Haus zu verkaufen. Da ich viele Jahre zuvor in einer Workaholic-Situation war, war es mitunter wie ein Befreiungsschlag.

Ein weiterer Aspekt ist hierbei auch noch zu beachten. Viele Menschen, die beruflich selbstständig sind, haben einen starken inneren Antreiber in sich, der es ihnen fast verbietet, eine Niederlage zu erleben, denn es wurde immerhin jahrelang die Programmierung auf Leistung und Erfolg praktiziert.

Im Loslass-Prozess des Hauses habe ich erkannt, dass ich auch diese Programmierung erkennen und transformieren durfte.

Erst im Nachhinein wurde mir richtig bewusst, wie schwer dieser Rucksack all die Jahre auf mir lastete und wie befreiend es war, dass ich es mir endlich eingestanden habe, auch Fehler machen zu dürfen und nicht perfekt sein zu müssen.
Wie wir wissen, ist Perfektion pathologisch. Doch sie lauert manchmal auch auf subtilen Wegen um die Ecke, wo wir sie gar nicht vermutet hätten.

Inspirationen für Selbstliebe in der Lebensgestaltung und für noch mehr Wohlbefinden

In diesem Kapitel darf ich dir noch einige Inspirationen auf der Reise zur Selbstliebe geben. Wenn wir das Leben für uns selbst gestalten lernen, ist es förderlich, sich im eigenen Umfeld maximal wohlzufühlen, um daraus viel Kraft, Freude und Energie ziehen zu können. So können wir ein gutes Lebensgefühl aktivieren und das eigene Leben motiviert und inspiriert ausrichten.

Des Weiteren ist es ebenfalls wichtig, dass wir uns in unserem Körper „unserem göttlichen Tempel" maximal wohlfühlen, denn erst so können wir unser ganzes Potenzial optimal spüren und zur Entfaltung bringen.

Einige Ideen für dich:

Die eigene Wohnung neu ausmalen und so geschmackvoll dekorieren, dass du das Gefühl hast, in göttlicher Freude, Liebe, Geborgenheit und Harmonie eingehüllt zu sein, dass die Wohnung jene Emotionen in dir stärkt, welche dir in der jeweiligen Lebensphase optimal dienlich sind. Welcher Stil passt am besten in der jeweiligen Lebensphase zu dir und deiner Wohnung: Modern, Rustikal, Nostalgisch, Elegant, Reduziert, Schlicht oder einfach? Mit welchen Materialien, Gegenständen und Symbole umgibst du dich, welche stärken dich in deiner Entfaltung?

Lass die herrlichsten Düfte in der Wohnung verströmen, entweder mit ätherischen Ölen, Räuchermischungen, Räucherstäbchen, selbst gemachten Räucherbüscheln, Raumspray, …, sodass deine feinstofflichen Synapsen im Gehirn harmonisiert werden und dein Emotionalkörper dadurch genährt ist. Der Riechsinn unterstützt unser emotionales Wohlbefinden und kann sehr beruhigend auf unsere Seele wirken.

Die herrlichsten Düfte dürfen auch auf deinem Körper versprüht werden, mit natürlichen Parfums oder verschiedene ätherische Öle, welche du in Kombination mit destilliertem Wasser in eine Sprühflasche geben kannst, Rosenspray unterstützt die Herzöffnung.

Spüre intuitiv, welche dir guttun, dich inspirieren und motivieren, den nächsten Schritt in deiner persönlichen Entwicklung umzusetzen auf der Reise zu mehr Selbstliebe, Selbstachtung, Selbstfürsorge, Selbstbewusstsein und Selbstermächtigung.

Auf gute Qualität bei der Ernährung zu achten und die Lebensmittel sorgfältig auszuwählen, um zu spüren, was du brauchst, was dir guttut, um eine Ausgewogenheit im Körper zu spüren. Beim Thema Ernährung habe ich in meinem Leben sehr viel experimentiert. Somit weiß ich nur zu gut, wie unendlich komplex das Thema Ernährung ist. Zudem gibt es unzählige

Philosophien, wo man leicht den Überblick verlieren und damit überfordert sein kann. Des Weiteren kommt hinzu, dass der Körper bei zu hoher Stressbelastung vermehrt Hormone (Cortisol) produziert, welche es ihm schwer machen, eine wohlgeformte Figur halten zu können, was somit Übergewicht zur Folge hat.

Wenn der Stress und das Arbeitspensum so hoch sind, dass für körperlichen Ausgleich keine Kraft mehr vorhanden ist, kommt der Mensch massiv aus dem hormonellen und körperlichen Gleichgewicht.
Eine gute Analyse, um herauszufinden, welche Lebensmittel mein Körper verträgt und welche ich besser vermeide, habe ich bei der Ernährungsberatung "Metabolic Typing" kennengelernt.

Hier kann man im Internet vorab einen Test ausfüllen, welcher dann ausgewertet und in der persönlichen Beratung dann näher darauf eingegangen wird. Diese Vorgehensweise mit der Analyse empfinde ich als eine optimale Möglichkeit, die verträglichen Nahrungsmittel leichter herauszufinden, die uns unterstützen, die Figur in Schwung zu halten und uns körperlich wohlzufühlen, was auch mit einer guten Verdauung zusammenhängt.

Leider ist heutzutage die Ernährung und die Körperpflege oftmals nicht mehr frei von Schwermetallen und diversen Zusatzstoffen. Somit wäre es noch optimaler, genfreies Saatgut zu kaufen und das Gemüse im eigenen Garten anzupflanzen, um Obst, Nüsse, Kräuter und Beeren ebenfalls im Selbstversorger-Modus im eigenen Garten ernten zu können.

Für mich persönlich ist es wichtig, gereinigtes Wasser zu trinken und natürliche Pflegemittel zu verwenden, welche frei von Schwermetallen sind. Schwermetalle sind in vielerlei Produkten und Lebensmitteln enthalten. Einige bekannte Schwermetalle sind: Blei, Glyphosat, Fluorid, Quecksilber, Aluminium, Nickel, Arsen und Cadmium. Diese machen den Körper krank, lagern sich im Fettgewebe ein und blockieren die Nervenverbindungen, was dazu führt, dass der mentale Bereich im Gehirn blockiert wird.

Zur Ausleitung von Schwermetallen sind ebenfalls ätherische Öle sehr empfehlenswert. Mit den Zitrusölen kann man eine geniale Reinigungskur machen, die sich konkret "Petrochemische Entschlackungskur" nennt. Ich habe sie vor einigen Jahren von Weihnachten bis Ostern durchgeführt, was ich als sehr angenehm und befreiend empfunden habe.

Hier werden die Öle äußerlich und innerlich angewendet. Als ich damals diese Beschreibung der Kur gelesen habe, wie vielen Umweltgiften wir täglich ausgesetzt sind und wie stark sich diese in uns abspeichern, war ich motiviert, diese effektive und geniale Entschlackungskur meinem Körper zugängiich zu machen.

Des weiteren gibt es ganz neu aus Amerika ein weiteres hochwertiges Präparat, um Schwermetalle auszuleiten und diese auch erfolgreich auszuscheiden. Ich bin sehr froh, dass ich das entdeckt habe und mehrere Monate für mich genutzt habe.
Ich nehme nun wahr, dass mein Gehirn nun komplett befreit von jeglichen Giften und Schwermetallen ist und alle Gehirnsynapsen quasi einer Tiefenreinigung unterzogen wurden, sodass mein Geist nun sehr klar und rein ist. Es ist so wertvoll, zu jeder Zeit das richtige „Mittel" zur Hand zu haben, welches den besten Benefit für unsere Gesundheit innehat.

Was ich in den vergangenen Jahren auch sehr zu schätzen lernte, sind Hanfprodukte. Auch hier habe ich eine wunderbare Kollegin, welche mit ihrem Seelenpartner darin ihre Berufung gefunden hat, den Hanf selbst anzupflanzen und ein eigenes Öl, eine Salbe und einen speziellen Energie-Drink zu entwickeln. Mutter Erde hat uns so viele wunderbare und einzigartige Pflanzen geschenkt, damit wir uns, bei den verschiedensten Problemen selbst helfen können und viele Probleme, die in der

Wohlstandsgesellschaft aufgetreten sind, selbst lösen können.

Hanf ist zudem eine uralte Heilpflanze, welche auf diesem Hof bereits vor vielen Jahrhunderten kultiviert wurde. So gelangen in dieser Zeit, viele Schätze, welche lange vor unseren Augen verborgen waren, wieder zu uns zurück. Pflanzenwesen sind des Menschen Verbündete und wollen ihm zu seinem höchsten Wohle vielfach dienlich sein. Sie sind ein Geschenk Gottes, welches wir in dieser Zeit wieder annehmen dürfen. Sie bergen ein enormes Potenzial in sich, damit wir uns regenerieren und kaputte Zellen wieder erneuert werden können.

Für ein gutes Körpergefühl ist auch die Qualität der Kleidung wichtig. Worin fühlt man sich wohl, welche Art der Kleidung schenkt das Gefühl, den Körper besser zu spüren, mit sich selbst besser verbunden zu sein? Welche Farben und welcher Kleidungsstil gibt Kraft und Energie und unterstützt den Energiehaushalt und die aktuelle Stimmungslage?

Für unser körperliches und seelisches Wohlbefinden ist natürlich Berührung ein wesentlicher Faktor.

Unsere Haut ist unser größtes Organ und diese will ebenfalls unsere Aufmerksamkeit, was sich sehr heilsam auf unser ganzheitliches Wohlbefinden auswirkt. In unserer verstandeslastigen Welt ist es umso wichtiger, jene Bereiche im Blick zu haben, welche zu wenig Aufmerksamkeit erhalten, damit wir selbst die Balance in uns herstellen können. Unseren Körper zu spüren und liebevolle, absichtslose Berührung zu erfahren, die unsere Seele tief und intensiv nährt, ist eines der wertvollsten Geschenke, welche wir im Leben erfahren können, wie ich bei mir selbst und meinen Klienten wahrgenommen habe.

Da ich die Thematik der liebevollen Berührung ebenfalls umfangreich erforschte, wurde mir im Lauf der Jahre bewusst, dass wir für wirklich liebevolle Berührung auch den nötigen Mut dazu benötigen.

Für eine Sportmassage oder kräftige Rückenmassage, bei denen der Fokus auf den Körper ausgerichtet ist und diverse Blockaden gelöst werden, brauchen wir nicht wirklich Mut und nicht wirklich ein offenes Herz.

Doch wenn wir uns für liebevolle Berührung öffnen, diese anderen Menschen geben und selbst empfangen wollen, benötigt es unseren Mut und unsere Offenheit, empathisch, einfühlsam und achtsam zu sein, um wirklich geben und offenen Herzens empfangen zu können. Um diese Qualität erreichen zu können, dass sich ein Mensch wirklich in seiner Ganzheit berührt und dadurch auch als göttliches Wesen gesehen und wahrgenommen fühlt, ist es wesentlich, dass die Lebensenergie bei uns als Gebende während der Massage in uns zirkuliert. Das heißt, wenn die göttliche Energie durch das Kronenzentrum in unseren Kopf und dann in unser Herz und unsere Hände einströmt, erhält die Qualität der Berührung noch mehr Intensität, wodurch die Einheit von Körper, Geist und Seele spürbar wird und ein tiefes Genährt-Sein bei dem Empfangenden entsteht.

Wenn ausreichend Öl dafür verwendet wird, sodass sich die Berührung weich und fließend anfühlt, wird die Erfahrung des Genährt-Seins beim Empfangenden auf einer tieferen zellulären Ebene spürbar, wodurch auf ganzheitlicher Ebene ein stärkerer Zustand des Eins-Seins entstehen kann. Diese Qualität der Berührung anderen Menschen zu schenken, wo wirklich ein tiefes Genährt-Sein beim Empfänger entsteht, ist ein unbezahlbares Geschenk, wenn sie absichtslos gegeben wird und sich der Gebende als göttlicher Kanal zur Verfügung stellt.

Nun widmen wir uns der Atmosphäre und Umgebung des wohnlichen Umfeldes:
Nach einer Trennung ist es noch wichtiger, die eigene Wohnung so gemütlich wie möglich zu gestalten, sodass auch Blumen und Kerzen die Wohlfühlatmosphäre unterstreichen, welche die Seele nähren. Auch einen stimmigen Platz für Meditation und Kontemplation in der Wohnung zu schaffen, wo man sich tiefer entspannen kann, ist wertvoll.

Wie ist es um die visuelle Ebene bestimmt, von der du umgeben bist?
Welche Energie durchströmt dich, wenn du aus deinem Fenster blickst?
Kannst du deine Wohnung von E-Smog weitestgehend freihalten?
Ich habe bereits an vielen verschiedenen Orten gelebt.
Als ich in der Stadt wohnte und der Ausblick aus dem Fenster nicht so
inspirierend war, hatte ich auf einer Wand eine große Fototapete mit Strand
am Meer und eine Tapete mit einem rauschenden Wasserfall. Bilder
erzeugen die entsprechenden Energien und Emotionen in uns.
Von Feng Shui ist bekannt, dass auch Kunstblumen in der Wohnung 70 %
der Energie von echten Blumen im Raum erzeugen.
Als ich dann in einem Holzhaus in den Bergen lebte, war ich von traumhafter
Natur umgeben, sodass die atemberaubenden Ein- und Ausblicke in die
Natur mich immer wieder aufs Neue berührt und meine Seele genährt und
inspiriert haben.

Wie gut erreichen dich die Sonnenstrahlen in deiner Wohnung?
Bist du ein Morgenmensch und freust dich, den Sonnenaufgang beobachten
zu können oder eher ein Nachtmensch?

Die Sonne ist ein enormer Energie- und Glücksspender, wenn wir uns
emotional dafür öffnen. Je weiter wir das göttliche Licht in uns zum Leben
erwecken, desto besser können die Sonnenstrahlen unsere Zellen mit
Lichtnahrung versorgen. Die Sonne ist der Inbegriff der feinstofflichen
göttlichen Energie. Je durchlässiger unser Körper geworden ist und je offener
unser Herz ist, desto stärker können wir die Sonne in jede Zelle strömen
lassen und uns mit der göttlichen Quelle verbinden.

Wie ist die Lage des Hauses, in dem du derzeit lebst?
Die Lage des Hauses gibt uns im Idealfall Halt und Stärke, sodass wir in
unserer Entfaltung optimal unterstützt werden. Diese Selbstliebe-Faktoren
von außen beeinflussen unser inneres Wohlbefinden auf dem Weg zur
Selbstliebe, Selbstheilung und göttlichen Souveränität.

Welche Pflanzen, Bäume, Sträucher und Blumen gibt es an deinem Wohnort? Welche Kraftplätze gibt es im Umkreis deines Wohnortes oder lebst du an einem Kraftort, der dich mit Energien flutet?

Nimm mit jenen Pflanzen Kontakt auf, welche dir ihre einzigartige Heilkraft zur Verfügung stellen, sodass du dich auch dadurch energetisiert fühlst. Du kannst dich auch fragen, welche Pflanzen unterstützen die Entfaltung der Selbstheilung und Selbstliebe? Welche Arten von Grünpflanzen und blühenden Pflanzen sprechen dich in der jeweiligen Lebenssituation an?

Welche Musik und Kunst nährt und stärkt dich in der jeweiligen emotionalen Situation? Wie bereits erwähnt, habe ich meine eigenen Musikkompositionen damals im Tonstudio aufnehmen dürfen. Diese Erfahrung hat meine Seele unendlich beglückt. In vielen Inkarnationen hat Musik mein Leben geprägt. In dieser Inkarnation ist es dran, Musik und Therapie zu verbinden.

Ich denke, dass Musik ursprünglich eine therapeutische Funktion hatte, uns wieder mit der göttlichen Einheit zu verbinden. Dieses Bewusstsein ist in unserer Unterhaltungsgesellschaft teilweise verloren gegangen. Doch auf der Reise zur göttlichen Einheit darf auch dieser Aspekt wieder ins Bewusstsein des Menschen gelangen. In vielen Inkarnationen war Musik mein Leben, dadurch sind mir die unterschiedlichsten Stilrichtungen vertraut. Für jeglichen emotionalen Zustand gibt es die entsprechende Musik, welche in Kombination mit Bewegung und Tanz noch viel effektiver wirkt, da wir Menschen uns über die Bewegung emotional regulieren und ausbalancieren können. Ausdruckstanz ist dadurch auch eine sehr wertvolle Erfahrung, welche sich sehr nährend auf unser Wohlbefinden auswirkt.

Bereits an einer anderen Stelle habe ich davon berichtet, was es bedeutet das eigene Potenzial von der dritten Dimension in die fünfte Dimension auszudehnen. Wenn wir die Reise zur wahren Liebe umsetzen, entfaltet sich unser Energiefeld im Lauf der Zeit immer intensiver, da wir ja immer mehr unbewusste Schatten in uns in die Auflösung bringen.

Je höher ein Mensch somit seine Schwingung ausdehnt, desto weiter strahlt diese Energie aus und kann dadurch andere Menschen in ihrer Schwingungserhöhung, Selbstheilung und Herzöffnung unterstützen. Dort, wo dieser Mensch lebt, kann er eine gesamte Region subtil energetisch unterstützen.

Des Weiteren gibt es auf der Erde und idealerweise an unserem Wohnort ebenfalls gute Energiefelder, welche auch uns in unserer Entwicklung unterstützen. So entsteht im eigenen Umfeld ein stetes Geben und Nehmen.

Und nun lass uns über das soziale Umfeld sprechen.
Welche Herzensmenschen gibt es in deinem Leben, die dich in deinem Entwicklungsprozess verstehen und dich emotional begleiten können? Menschen, mit denen wir aus dem Herzen sprechen können und Freude und Schmerz offen mitteilen können, sind Balsam für unsere Seele.

Wir dürfen immer offen sein, neue Menschen ins Leben einzuladen. Manchmal geht im Zuge der eigenen Weiterentwicklung auch ein Loslassen des bisherigen Freundeskreises einher oder es gilt, jene Menschen in Liebe zu entlassen, welche die alten Themen gespiegelt haben, welche in uns selbst verwandelt worden sind.

Für die geistig-seelische Ebene ist es auch empfehlenswert, um göttliche Führung zu bitten, um jene Personen ins Leben zu ziehen, welche uns unterstützen, die nächste Entwicklungsstufe zu erreichen. Vielleicht gibt es Meditationsgruppen oder spirituelle Kreise, denen du dich anschließen und einbringen kannst. Sei offen und bitte die göttliche Führung, zur rechten Zeit am rechten Ort zu sein, damit du dich in der Synchronizität des Lebens befindest. So gelangt der Mensch immer mehr in den Einklang mit dem Leben und seiner Bestimmung.

Wenn wir das Ego loslassen und dem Leben nicht mehr im Weg stehen, kann alles in den Fluss gebracht und die Einzigartigkeit des Menschen optimal zur Entfaltung gebracht werden.

Unterstützende Affirmationen:

Ich liebe, achte und respektiere mich!
Ich sorge gut für mich, denn ich bin ein unendlich geliebtes Gotteskind.

Ich bin es wert, dass es mir maximal gut gehen darf, und ich übernehme die volle Verantwortung für mein Leben.

Ich öffne mich für Menschen, die mich wohlwollend unterstützen, die an mich glauben und die mich auf dem Weg zur Selbstliebe optimal begleiten können.

Ich erkenne von Tag zu Tag meine eigene Schönheit immer besser und genieße es, ganz in meinen Körper und meiner Traumfigur anzukommen.

Ich bin zur rechten Zeit am rechten Ort die richtige Person.

Genau dieser Punkt führt uns jetzt gleich zum nächsten Kapitel.

Abschließend darf ich dir hier noch einen Tipp für hochwertige und geniale Pflegeprodukte geben. Genial deswegen, weil sich in den Produkten kleine Goldpartikel befinden, welche den Menschen in der ganzheitlichen Gesundheitserhaltung und Schwingungserhöhung unterstützen, da hier die altchinesische Chen-Medizin zur Anwendung gelangt.

Bereits Hildegard von Bingen und Paracelsus sprachen davon, wie wertvoll Gold für den Aufstiegsprozess des Menschen ist. Als ich damals bei einer Gesundheitsmesse die interessante Broschüre las, spürte ich das Potenzial dieser Produkte und habe sie viele Jahre vielseitig zur Steigerung meines

Wohlbefindens eingesetzt.

Ich liebe geniale und einzigartige Produkte, bei denen ich spüre, dass Gott diese den Menschen zugänglich machen möchte, damit er ein wahrlich gutes und erfülltes Leben führen und das in ihm angelegte Potenzial dadurch optimal zur Entfaltung bringen kann.
Diese Gold-Produkte sind von der Firma Yogano.

Zur rechten Zeit am rechten Ort
die richtigen Menschen zu treffen und
was es mit dem Ego zu tun hat

Als ich mit Mitte Dreißig aufgefordert war, meinen Seelenpartner loszulassen und der Schmerz dieser Trennung schwer zu ertragen war, zeigte mir die geistige Welt ein spezielles Ritual, genauer gesagt, ein Ego-Loslass-Ritual. So konnte ich instinktiv spüren, dass diese Trennung einen tieferen Sinn hat. Den Wunsch nach einer eigenen Familie durfte ich in dem Zusammenhang loslassen und mein Leben wieder auf meine wahre Berufung ausrichten, mich dafür zu öffnen, dass mich das Leben dort hinführt, wie und wo ich den Menschen optimal dienen kann.

Aus christlicher und spiritueller Sicht ist die Ausrichtung, sich in den Dienst des großen Ganzen zu stellen und das Ego loslassen, ein wichtiger Schritt, um das höchste Potenzial in sich zum Leben erwecken zu können. Viele Menschen leben nicht wirkliche Selbstliebe, sondern sind zu stark auf ihr Ego fixiert und wollen in entscheidenden Lebensphasen ihre Ego-Bedürfnisse durchgesetzt wissen. Ich will das und jenes will ich nicht. Doch wie wir schon besprochen haben, ist unser Ich das niedere Selbst, welches in der antrainierten Persönlichkeit verhaftet ist und sich bei vielen Menschen seit Kindertagen in einer Verstrickung befindet.

Je mehr Mangel an Liebe ein Kind erfahren hat, desto weniger ist es an die göttliche Liebe angebunden und desto stärker wird das im erwachsenen Menschen mit diversen Ego-Strategien kompensiert. Somit kann der Gedanke, sich in den Dienst des Großen Ganzen zu stellen durchaus Ängste und Unbehagen bei Menschen auslösen, wenn das Ego noch sehr hungrig nach diversen Befriedigungen und Bestätigungen von außen ist und Angst vor Veränderung, vor dem Unbekannten oder Angst nicht mehr geliebt oder abgelehnt zu werden, hat. Doch welche entscheidende Metamorphose erwartet dich, wenn du dich dafür öffnest, dein Ego weiter loszulassen?

Ein wesentliches Geschenk ist, dass du wieder an die göttliche unendliche Liebe angebunden wirst und diverse Zwänge, im Außen geliebt zu werden, weiter abnehmen, da du durch die bedingungslose göttliche Liebe den Weg zur wahren Selbstliebe findest. Der Weg zur Selbstliebe macht einen Menschen immer freier von Abhängigkeiten und Zwängen und stärkt den Mut und das Selbstbewusstsein, wo das Zusammensein und der zwischenmenschliche Kontakt mit solchen Menschen eine echte Inspiration darstellt.

Menschen, die Ego fixiert sind, tendieren dazu, berechnend und manipulierend zu sein. Sie haben bestimmte Ziele, die sie mit Zwang und Druck erreichen möchten, um sich selbst und der Umwelt etwas beweisen zu können oder um selbst die höchste Befriedigung in der jeweiligen Situation erfahren zu können. Somit ist hierbei im zwischenmenschlichen Bereich die Verstandes-Ebene im Vordergrund und die emotionale Verbindung bleibt meist unterdrückt, wodurch sich hier nie das volle Potenzial entfalten kann, also es auf der seelischen Ebene oft für alle Beteiligten unbefriedigend bleibt.

Wenn wir das Ego loslassen und uns dadurch mit dem höheren Selbst, also mit dem Gott oder Göttlichen in uns verbinden, erhalten wir den direkten Zugang zur göttlichen Dimension und zur göttlichen Liebe.

Mit diesem Ego-Loslass-Ritual bauen wir durch diese bewusste Ausrichtung eine Brücke zu den wahren Schätzen des Lebens. In der Akademie sind sehr viele Videos enthalten, in denen unsere Klienten auch für diese Thematik eine genaue Anleitung erhalten. Wenn diese Ebene im Menschen aktiviert wird, ist die Entfaltung der Berufung von der göttlichen Dimension getragen und geführt. In dem Zusammenhang richtest du dein Leben in die Synchronizität aus, bist zur rechten Zeit am rechten Ort, die richtige Person für jene Menschen, denen du dort begegnest, mit denen du die richtigen Worte kommunizierst und wo du wichtige Botschaften für deine nächsten Schritte erhältst.
Wertvollen Content über diese Thematik findest du ebenfalls in der Youtube-Playlist, die im Kapitel Kontakt zu entnehmen ist.

Somit ist ein offenes Herz und die Anbindung an die höheren Dimensionen wichtig, um ein Gespür zu entwickeln, was im jeweiligen Augenblick zu tun oder auch zu unterlassen ist.

Wenn wir Menschen treffen, die wir lieben, ist es sehr beglückend und unsere Seele jubiliert. Wenn es Phasen in unserem Leben gibt, wo wir geliebte Menschen, einen geliebten Wohnort, ein Haus etc. loslassen müssen, kann das sehr schmerzhaft sein. Doch jeder Schmerz hat eine Bedeutung, wie bereits erwähnt. Wenn wir um die richtigen Zeichen bitten, dann erhalten wir die entscheidenden Botschaften über die tieferliegenden Zusammenhänge.
Nicht jeder Ort und nicht jede Verbindung mit einem Menschen ist für die Ewigkeit bestimmt. Alles hat seine Zeit und auch Beziehungen haben manchmal ihr entsprechendes Zeitfenster. Wir dürfen lernen, dem Fluss des Lebens und der göttlichen Intelligenz und Weisheit immer mehr und immer tiefer zu vertrauen.

So habe ich selbst intensiv spüren und erfahren dürfen, was es bedeutet, mich im Urvertrauen zu verankern und der göttlichen Führung noch mehr Raum in meinem Leben zu geben. Auch wenn es eine Herausforderung war, so war doch das Loslassen für die Entfaltung der Berufung und des wahren Selbst sehr oft angesagt. So ist es wichtig, zu spüren, wann und welche Entscheidungen im jeweiligen Augenblick zu treffen sind. Denn sobald wir eine Türe schließen, öffnet sich eine neue. Sie sieht anders aus und birgt neue Möglichkeiten und ein neues Potenzial in sich, neue Menschen und neue Lebenserfahrungen, welche uns auf unserer Lebensreise dann für eine gewisse Zeit weiter begleiten.

Als ich meinen geliebten Seelenpartner loslassen musste, haben sich auch für mich neue Türen geöffnet, viele neue Lernaufgaben und Erkenntnisse haben mich erwartet, und ich wurde zu neuen Menschen geführt. Als ich mein Ego an der entsprechenden Wegkreuzung wieder loslassen und meine Berufung, Menschen zur bedingungslosen Selbstliebe zu begleiten, weiter entfalten durfte, wurde mir im Laufe der darauffolgenden Jahre das Geschenk zuteil, wie die Reise von der Dualität in die Ganzheit genau aussieht und wie sie im Detail realisiert werden konnte. So war es eine bewegte Reise, die vielschichtigen Zusammenhänge von Körper, Geist und Seele tiefgreifender zu verstehen und alle Ebenen miteinander zu verbinden.

Trennungen bergen auch das Geschenk in sich, dass wir unser inneres Kind in die Heilung bringen. Selbstfürsorge und Selbstverantwortung sind essenzielle Lernaufgaben in dem Zusammenhang. Als ich diese Lernaufgaben für mich abgeschlossen hatte, wurde ich zu einem neuen Seelenpartner geführt, wo ein neues Kapitel aufgeschlagen wurde. Im Zusammenhang unserer gemeinsamen Berufung wurde mir durch ihn die Reise zum wahren Selbst offenbart. Somit konnte ich das wahre Selbst und die tieferen Zusammenhänge in Bezug zur wahren Liebe und wahren Berufung erforschen, was mich in eine tiefe Selbstheilung und zur erweiterten wahren Selbstliebe geführt hat.

Gerade jetzt, am Beginn der neuen Zeit, darf sich jeder Mensch an dem ihm vorherbestimmten Platz stellen und offen sein, was das Leben für ihn bereithält. Die bedingungslose Liebe ist in unserem Leben nicht immer vordergründig spürbar, indem wir denken, unser Leben müsste schmerz-, verlust- und angstfrei ablaufen, sondern es zeigt uns stets unser Wachstumspotenzial, wodurch wir dann Geschenke für die Ewigkeit für uns und unser Umfeld realisieren können. Das Loslassen des Egos unterstützt uns darin, neue Dimensionen des Seins zu erfahren, und unser göttliches Potenzial zur Blüte zu bringen.

An bestimmten Wegkreuzungen wird uns manchmal etwas Wichtiges schmerzhaft genommen, damit wir etwas noch Wichtigeres, nämlich unser wahres göttliches Sein zum Vorschein bringen, eine neue Qualität in uns zum Leben erwecken, dass wir wahrhaftig Liebende werden oder unsere Berufung oder wahres Selbst finden können, zu erkennen, wer wir in Gott wahrhaftig sind. Wenn wir uns auf diese Reise begeben, werden wir wahrlich belohnt.

Dieses Mysterium habe ich durch Joshua erfahren dürfen. Wie wir in unserer Gesellschaft derzeit erkennen dürfen, geht es bei vielen darum, das alte Ich sterben zu lassen, damit das wahre Selbst auferstehen kann und daraus etwas komplett Neues entstehen kann. Wir Menschen dürfen verstehen lernen, dass wir nicht nur für uns selbst leben, sondern dass sich jeder Mensch als ein Puzzleteil des großen Ganzen erkennen darf, dass wir in die göttliche Liebe eingebettet sind und unsere wahre Seelenfamilie erst durch unser wahres Sein und Wirken erkennen und treffen können. So können wir uns, Brüder und Schwestern, wahrlich die Hände reichen und jeder kann sich in seiner Einzigartigkeit ausdrücken und mit den in ihm angelegten Gaben wirken.

Der Gott in uns möchte somit lebendig werden, und hier bedarf es der Erfahrung der bedingungslosen Liebe, damit die Menschen ihr Ego erst dann loslassen können, wenn sie diese Liebe oft vielleicht zum ersten Mal richtig in ihrem Leben gespürt und erfahren haben. Einer Liebe öffnen, in der sie sich

sicher, geliebt, geborgen und getragen fühlen und erst dadurch diese wesentliche Umkehr zu ihrem wahren Selbst wieder antreten können, wodurch Selbstheilung stattfindet, was wiederum der Schlüssel für eine erfüllte Partnerschaft und der Weg zur wahren Berufung ist, wenn …
Ja, wenn sie zur rechten Zeit am rechten Ort ihr Leben auf ihr höheres Selbst ausgerichtet haben. Dann kann alles so geschehen, wie es im göttlichen Plan steht, damit das Leben aller Menschen wieder in die göttliche Ordnung gebracht wird. So wird die Person wieder zum Gott-Mensch und der Kreis schließt sich.

Link zum Youtube-Kanal: https://www.youtube.com/@martineum888
Klicke auf die Playlist: Martineum Wohlfühloase

Blockaden loslassen, die deiner wahren Berufung im Weg stehen

https://www.youtube.com/watch?v=HPd7D-wsqes&list=PLYQG9YgjXhLQU2bYsTMtoUlnnkE_7BlZY&index=8

Als Frau mit wahrer Berufung zur Fülle:

https://www.youtube.com/watch?v=jjXPsazVtDE&list=PLYQG9YgjXhLQU2bYsTMtoUlnnkE_7BlZY&index=10

Selbstheilung nach Trennung

Auf der Ebene der Dualität ist der Mensch bestrebt, mit einem anderen Menschen in einer engen vertrauten Beziehung zu leben, um sich, glücklich und geliebt zu fühlen. Das Leben fühlt sich naturgemäß sinnerfüllt an, wenn wir in Beziehungen leben und dadurch auch den Schmerz vom Alleinsein nicht spüren müssen.

Bei einer Trennung von einem geliebten Menschen, gelangen wir, wenn wir uns dieser Erfahrung bewusst stellen, emotional zu unseren verdrängten Schatten, welche im Idealfall ans Licht gebracht werden, wodurch die eigene Selbstheilung umfangreich aktiviert wird. Eine zentrale Erfahrung ist, dass sich Partner oft die Schatten der Liebe aufzeigen. So ist die Emotion, "Ich bin es nicht wert, geliebt zu werden" wesentlich, dass diese in der Aufarbeitung des Geschehenen ins Bewusstsein gelangt.
Denn, wie bereits in anderen Kapiteln erwähnt, erfahren wir auf der Erde jegliche Schatten der Liebe. Da diese in vielen Leben verdrängt wurden, wiederholen sie sich so lange, bis wir unseren Lebensthemen auf den Grund gehen!

Des Weiteren werden auch andere Emotionen, wie etwa die Angst vor dem Alleinsein oder der Schmerz des Verlassenseins in unserer Seele reaktiviert. Diese Emotionen sind bei vielen Menschen ebenfalls stark verdrängt, da sie mit nicht verarbeiteten Erfahrungen der Seele in Zusammenhang stehen. Es ist hierbei wesentlich, dass wir uns darin üben, die negativen Bewertungen in puncto dieser Schatten immer wieder loszulassen. Erst so erhalten wir einen Zugang zu unserem fühlenden Herzen, was wiederum der Startschuss zur Selbstliebe ist. Wenn wir einen Schmerz erleben, sind wir nicht immer gleich in der Lage diesen auch in der Tiefe der Seele zu fühlen.

Viele Menschen fühlen sich als Opfer und klagen das Leben sowie die damit einhergehenden Umstände an. Doch wenn wir uns in dieser Lebensphase erinnern, dass jeder Schmerz die Einladung ist, diesen wieder fühlend zu integrieren, dann können wir die Opferrolle loslassen und uns bewusst machen, dass wir zu dieser Lebenserfahrung der Trennung und des damit verbundenen Schmerzes eine Resonanz in uns tragen, welche diese Erfahrung in unser Leben gebracht hat.

Die Naturgesetze von Ursache und Wirkung sind hierbei auch wesentlich. Jede Lebenserfahrung birgt also das Potenzial in sich, dass sie uns zu einem liebevolleren und bewussteren Menschen machen möchte. Oft werden unsere Lebensthemen so oft in unseren Partnerschaften aufgezeigt und gespiegelt, sodass es oft viele Jahre und Partnerschaften benötigt, bis wir jegliche unserer Schatten-Themen umfangreich ans Licht gebracht haben. Wichtig dabei ist, dass wir jegliche Widerstände des Egos loslassen und immer wieder zur Akzeptanz ins hier und jetzt gelangen.

Wie fühle ich mich jetzt, und auf welche Art und Weise berührt mich diese Erfahrung in meiner Seele, wäre eine gute Frage, die man sich in schwierigen Situationen immer wieder stellen darf. Das viel zitierte im "Hier und Jetzt leben" bekommt dann eine wirklich wichtige Qualität und Energie. Das geistige Gesetz "Wiederkehr des Verdrängten" ist so lange lebendig, solange wir noch gegen unsere Schatten kämpfen und sie weghaben wollen. Somit bedarf es in dieser Lebensphase einer großen Portion Mitgefühl, Fürsorge für uns selbst und eine bewusste Wahrnehmung für unseren Selbstheilungsprozess.
Wir dürfen darauf vertrauen, dass wir zum Zeitpunkt einer Trennung auch von der göttlichen Quelle geführt sind, da jede Trennung auch einen tieferen Sinn hat. Somit wirkt auch in Trennungen auf der Seelenebene das Feld der bedingungslosen Liebe. Die Partner haben diese Trennung vor ihrer Inkarnation bereits abgesprochen.

Oder es geht darum, dass du deine eigene Berufung und deinen eigenen Entwicklungsprozess innerhalb dieser Partnerschaft zu lange vernachlässigt hast. So ist eine Trennung auch oft von oben geführt, dass der Mensch sein Potenzial doch endlich zur Gänze entfalten möge.

Wenn das Thema Trennung in einer Partnerschaft auf dem Plan steht oder diese bereits stattgefunden hat, gibt es wichtige Punkte zusammenfassend zu erkennen und zu verstehen:

1. Die unbewussten Glaubensmuster in puncto Liebe und Geliebt werden dürfen klar beleuchtet werden.

2. Die Opferrolle darf losgelassen werden und tiefere Zusammenhänge bezüglich des Grundes der Trennung dürfen klar analysiert werden.

3. Wenn die Bewertungen losgelassen wurden, ist der Weg zur Herzöffnung und Selbstheilung frei, und der Weg der Selbstliebe kann beschritten werden.

4. Die alten Beziehungsstrukturen und Abhängigkeiten in Partnerschaften dürfen genau analysiert werden. Mache ich mein Glück von meinem Partner abhängig oder bin ich motiviert, das Glück in mir umfangreich zu aktivieren? War ich emotional, finanziell oder sexuell von meinem Partner abhängig und bin ich bereit, diese Aspekte nun in mir zu vervollständigen?

So ist eine Trennung auch die Einladung, die unendliche Fülle an Liebe in uns selbst zu entfalten! Aus der Adlerperspektive betrachtet, ist eine Trennung daher keine Strafe, sondern für einen Menschen oft der Startschuss, die wahre Selbstliebe in sich zu aktivieren, damit er erst dann eine erfüllte Partnerschaft wirklich genießen kann.
Auf der tieferen Schicht der Seele kann die Selbstliebe erst aktiviert werden, wenn die Panzerungen und Kindheitsthemen umfangreich in die Heilung gebracht worden sind.

5. Die Frage ist dann, wie weit die wahre Berufung schon gelebt und entfaltet wurde?

6. Des Weiteren ist die Frage, inwieweit das Ego schon losgelassen wurde? Denn wenn wir unser Leben zum Wohle des Ganzen ausrichten, kommen neue Menschen in unser Leben, welche uns dann auf einer neuen Bewusstseinsebene begegnen.
Somit kann ich aus eigener Erfahrung berichten und bestätigen, dass mich meine schmerzhafte Trennung im Zuge der ganzheitlichen Weiterentwicklung im Lauf der Zeit zur umfangreichen Selbstheilung und wahren Selbstliebe geführt hat.

Wie ich es heute wahrnehme, sind die alten Beziehungsstrukturen der Abhängigkeit, des Mangels und der Bedürftigkeit definitiv ein Auslaufmodell und der Mensch darf sich im Zuge einer Trennung all´ seinen Schatten, dem Mangel an Liebe und den eigenen Unzulänglichkeiten stellen, damit die neue Liebeskultur in ihm lebendig wird. So lädt uns das Leben ein, zu einem wirklich liebes- und beziehungsfähigen Menschen zu werden, wo man sich in einer Partnerschaft dann auch genügend Freiraum für die eigene Entfaltung geben und die Qualität von wahrer Liebe, Zuneigung und Liebesfähigkeit neu spüren kann.

Eine Trennung ist gleichzeitig eine Aufforderung, seine weiblichen und männlichen Anteile in sich zu integrieren, zu lernen, die eigene Liebesenergie vom Becken zum Herzen und in jede Zelle hineinströmen zu lassen, sodass diese göttliche Energie in jeder Zelle zirkuliert und jegliche Blockaden aus unseren Zellen ausgeatmet werden. So wird uns im Laufe dieser Erfahrungen, das Mysterium der Liebe, welches wir sind, bewusst und wir können einem neuen Seelenpartner in Liebe, Freude und Wahrhaftigkeit begegnen.

Herzöffnung – Erfahrungen und Symptome

Meine Erfahrungen zum Thema Herzöffnung und deren Symptome waren vielfältig und haben im Grunde aufeinander aufgebaut. Ich gebe dir hier einen Einblick, wie das Leben diverse Puzzleteile bei mir zusammengefügt hat.

Als junge Frau habe ich den Beruf der Gärtnerin und Floristin erlernt, da ich immer sehr naturverbunden war und bereits als Kind für unsere Nachbarinnen und unsere Mutter vielerlei Blumensträuße gepflückt und deren Herzen erfreut habe. Mit 20 Jahren habe ich mit meiner Schwester für die Hochzeit unserer Jugendleiterin ein kreatives Blumenarrangement gestaltet, bei dem in einem Straußenei die Botschaft "Gott ist uferlose Liebe" künstlerisch integriert wurde.

Diese Botschaft fühlte sich im Laufe der weiteren Jahre subtil wie ein innerer Auftrag an, wo ich diesen schrittweise tiefgreifender erforschen sollte. Denn kurze Zeit später wurde ich zu einer wunderbaren Frau geführt, welche den Weg des Herzens seit mehreren Jahren ging und welche ihr Leben in der Anbindung an Gott lebte. So habe ich dann erfahren, was es bedeutet, die lange antrainierten Verstandes-Programme kritisch zu hinterfragen und wie das Leben gelebt werden kann, wenn man sich der Weisheit des Herzens immer mehr anvertraut. Wie es ist, auf die innere Stimme zu hören und wie man im Einklang mit der geistigen Welt das Leben ausrichtet.

So habe ich den Mut gefunden, jene Verstandes-Programme loszulassen, welche mich begrenzten und eingeengt haben. Des Weiteren habe ich Glaubens- und Verhaltensmuster losgelassen, mit denen ich als Kind indoktriniert wurde und welche mich als erwachsene Frau unfrei fühlen ließen.
Meine Ausrichtung auf der geistig-seelischen Ebene war es dann, beruflich stets auf die Stimme meines Herzens zu hören und wahrzunehmen, wie sich das Leben im Einklang mit meiner Seele gestalten möchte.

Meine Verbindung zu Jesus war auch stets lebendig in mir.
Jesus kann seine Werke nur durch uns Menschen erfüllen und vollbringen. Wir sind seine Hände und sein Mund in dieser Welt. Seine Gnade und seine Kraft, die in uns und durch uns wirkt, schenkt uns Gelingen jener Werke, welche durch uns zu den Menschen fließen möchten. Seine Gnade, die durch uns wirkt, vollbringt Wunder und Zeichen. So habe ich im Laufe der

Zeit gespürt, wie sich mein Herz immer weiter öffnete, da ich mein Leben auf die innere Herz-Stimme ausrichtete.

Unsere Seele kennt den Weg durch unser Leben, und ihr dürfen wir uns anvertrauen, auch wenn es bedeutet, dass wir durch dunkle Täler wandern dürfen, bis wir wieder zu neuem Licht gelangen.

Denn aus vielen Erfahrungen weiß ich, dass sie für unseren Wachstums- und Reifeprozess als Mensch wichtig und förderlich sind, da wir genau in schwierigen Lebenssituationen am eigenen Leib erfahren, wie wir in verschiedenen Bereichen wie Mitgefühl, Verständnis, Geduld, Achtsamkeit, Demut und vielen anderen Aspekten von Gott geschult und trainiert werden. Auch dadurch entwickelt sich die Herzöffnung umfangreich in uns. Denn wenn unsere Ego-Bedürfnisse nicht erfüllt werden, nehmen wir mitunter auch Schmerz wahr.

Und jeder Schmerz und jegliche Ego-Struktur, welche wir loslassen, hat die Kraft unser Herz noch weiter zu öffnen.
Wir brauchen dann negative Lebenserfahrungen nicht mehr zu bewerten, sondern wir nehmen jegliche Herausforderungen, die das Leben an uns stellt, an und nützen sie als wichtige Wachstumsimpulse und öffnen uns für jene Gefühle oder emotionale Widerstände, welche die Situation in uns auslöst.

In dem Zusammenhang ist dann auch die Erfahrung der bedingungslosen Liebe zu verstehen. Wenn wir uns wirklich auf die Liebe einlassen und uns in Seelenpartnerschaften dem wechselseitigen Entwicklungsprozess stellen, erfahren wir hierbei viele weitere Stufen auf dem Weg zur Herzöffnung.

Auf der Reise, bedingungslos lieben zu lernen, erfahren wir immer auch unsere eigenen emotionalen Schmerzen und menschlichen Grenzen, denn besonders in Seelenpartnerschaften ist die Aufgabe ohne Erwartung und jeglicher Abhängigkeit zum Gegenüber die Liebe zu leben und zu gestalten.

Da wir Menschen tausende Jahre die Liebe eher aus dem Verstand gelebt haben, ist auf der Reise wirklich liebes- und beziehungsfähig zu werden, hierbei eine komplett neue Dimensionen in unserer Seele und unserem Bewusstsein zu aktivieren.

Wenn wir in schwierigen emotionalen Situationen die negative Bewertung loslassen und ganz im Hier und Jetzt in unserem Herzen ankommen und die Lebensenergie in unserem Körper spüren und wahrnehmen, können wir unsere Aufmerksamkeit vom Verstand loslassen und uns als fühlendes Wesen wahrnehmen. Auch hier erweitert sich das Gefühl der Herzöffnung.

Um auf der körperlichen Ebene mein Herz-Zentrum von Panzerungen weiter zu befreien, habe ich für mich und auch für Klienten in der Praxis ätherische Öle angewendet. Es gibt wunderbare spezielle Ölmischungen, welche das Potenzial haben, energetische Verhärtungen im Herzchakra aufzulösen und unser Herz-Zentrum weicher und durchlässiger zu machen.

Des Weiteren gibt es großartige Öle, welche den Duft der Liebe verströmen, die uns eine große Unterstützung bei der Entfaltung unserer Herzöffnung sind, unsere Seele quasi nähren und uns sehr bereichern können. Des Weiteren gibt es ätherische Öle, welche ein angespanntes Nervensystem beruhigen und die seelische Ruhe fördern. Hochwertige ätherische Öle können sehr vielseitig und umfangreich eingesetzt werden.

Wenn wir schwierige emotionale Phasen in unserem Leben erfahren, ist es eine Chance, dass sich dadurch tiefere emotionale Ebenen in unserer Seele öffnen, wenn wir diese Lebensphase bewusst durchleben und bereit sind, den geistigen Sinn der jeweiligen Situation zu verstehen und weiterhin für unseren Herzensweg offen bleiben.

Somit habe ich selbst erfahren, dass das Herzchakra, wenn es einmal aktiviert wurde, sich auch in schwierigen Lebensphasen immer weiter öffnen kann. Schwierige Situationen sind nicht dazu da, emotional härter zu werden, sondern den Weg zur Liebe zu finden und immer weiterzugehen. Somit ist die erweiterte Herzöffnung der Schlüssel zur Verbundenheit mit dem ganzen Körper, wodurch auch die Verbindung zum Becken gestärkt wird. Wenn wir eine bewusste Verbindung mit dem Atem zu unserem Becken und Steißbein aufbauen, können durch das bewusste Atmen auch langjährige Schmerzen im Becken gelindert oder aufgelöst werden.

Durch diese Erfahrung wird auch die Atmung im Bauch- und Herzbereich umfangreich aktiviert und dadurch kann sich ein durchlässiger Atemfluss im ganzen Körper einstellen. Es gibt so effektive und geniale Atemübungen, welche die Reise zur Herzöffnung umfangreich unterstützen.

Ich möchte hier noch hinzufügen, dass bei jenen Menschen, wo das Herz lange verpanzert war, im Zuge der Herzöffnung auch teilweise ein Schmerz spürbar sein kann. Es ist so ähnlich, als wenn der Asphalt auf der Straße kleine Risse durch die Sonneneinstrahlung bekommen hat und durch diese leichte Öffnung dann ein subtiler Schmerz verursacht wird. Schulmedizinisch wird dieses Symptom als "Angina pectoris" bezeichnet.

Im Zuge der erweiterten Herzöffnung, wenn wir tief in die Kindheitserfahrungen eintauchen, verändert sich ebenfalls die Qualität der Herzöffnung. So können sich im Coaching-Prozess schrittweise Blockaden lösen, was sich so anfühlen kann, als würden wir uns von einer harten Schale herausschälen, damit dann unser eigenes Licht, so hell wie ein Stern am Himmel leuchten kann.

Selbstheilung und Seelenfrieden

Der Weg zur Selbstheilung und zum eigenen Seelenfrieden ist ein umfangreiches Kapitel. Grundsätzlich ist hierbei zu sagen, dass wir in der Selbstheilung angekommen sind, wenn uns eine Person im Außen nicht mehr mit unseren langjährigen Lebensthemen provozieren kann, wodurch ersichtlich ist, dass unsere seelischen Schmerzpunkte aufgelöst sind und wir in der neutralen Beobachter-Rolle sein können, wenn jemand das Thema anspricht.

Wichtig ist, zu reflektieren, inwieweit wir mit Personen, mit denen wir uns im inneren Konflikt befinden, bereits in Frieden sind. Eine vielversprechende Möglichkeit die Selbstheilung zu forcieren sind Rückführungen in andere Leben, wodurch emotionale Verstrickungen und hartnäckige Blockaden tiefgreifend aufgelöst werden können.
Wir sind in der Selbstheilung angekommen, wenn sich jeder Mangel an Liebe in uns in die Fülle an Liebe transformiert hat.

Wenn wir die Zusammenhänge unserer Lebensgeschichte verstanden haben in Bezug auf unsere Berufung und unseren daraus entstehende Entwicklung, sind wir in der kompletten Akzeptanz unseres Lebens angekommen.
Wenn wir eine wahrhaftige Kommunikation praktizieren, mit offenem Herzen ehrlich über unsere Gefühle, Bedürfnisse und Befindlichkeiten sprechen können, ist es ebenfalls ein Zeichen, in der Selbstheilung schon sehr viele Schritte umgesetzt zu haben.

Wenn wir in Konflikten nicht mehr alles persönlich nehmen und dadurch eine innere Gelassenheit spüren, sind es weitere Zeichen von stabilem Selbstwert und emotionaler Reife.

Wenn sich unsere emotionalen Schutzpanzer auflösen, sodass wir alle Schatten in uns ans Licht bringen, entsteht der ersehnte Seelenfrieden und Selbstheilung.

Wenn wir selbst zur Liebe werden, entstehen Seelenfrieden und
Selbstheilung.

Selbstheilung des Körpers

Die seelische Selbstheilung steht in engem Zusammenhang zur
Selbstheilung unseres Körpers. Ich möchte dir ein kurzes persönliches
Beispiel zum besseren Verständnis geben.
Wie bereits mitgeteilt, hatte ich als Kind Verdauungsprobleme. So habe ich
im Lauf des Lebens vieles versucht, um mein Problem zu lösen, was mir nur
teilweise gelungen war. Erst durch die erweiterte Herzöffnung gelang es mir,
zum Ursprung der seelisch verdrängten Emotion zu gelangen, zu jenem
Zeitpunkt, wann diese Verdauungsprobleme entstanden sind.

Durch Joshua habe ich die Erfahrung der Schmelzung meiner Panzerungen
intensiv erfahren. So konnte ich den genauen Zeitpunkt wahrnehmen, wann
meine Verdauungsprobleme entstanden sind. Wie ich aus eigener Erfahrung
nun weiß, nehmen wir als Baby bereits alles in unserer Umgebung auf und
können alles fühlen.

Unsere Eltern waren damals mit Arbeit enorm überlastet. Das war auch ein
Grund, warum ich wenig Aufmerksamkeit und Hautkontakt mit der Mutter
erfahren habe. Dadurch verkrampfte sich bereits in der Säuglingsphase mein
Verdauungstrakt.

Als ich diese tief verdrängten Emotionen intensiv fühlen konnte und auch
Tränen geflossen sind, spürte ich, wie sich mein Verdauungstrakt immer
weiter entspannte.

Zusätzlich habe ich diesen Prozess mit einem Kaffee-Einlauf unterstützt, was von außen die Entspannung unterstützte.

Wie du an meiner Erfahrung erkennen kannst, sind die Zusammenhänge zwischen Körper und Seele markant spürbar. Auch hier wirkt das Gesetz der Polarität. Je tiefer wir emotional fühlen können, desto besser können wir uns seelisch und körperlich entspannen und in die ersehnte Selbstheilung gelangen.

Raum für persönliche Notizen:

Selbstheilung und Liebe

Den Weg des Herzens in Einklang mit dem höheren Selbst zu gehen und schrittweise immer weiter zu entfalten, führte mich zur Selbstheilung und zur Liebe, die ich bin.

Den Weg des Herzens zu gehen, unterstützte mich auf dem Weg zur Wahrhaftigkeit, stets spüren zu können, was für mich stimmig ist und was nicht. Wenn wir in der Wahrhaftigkeit unseres Herzens verankert sind, haben wir stets einen klaren Wegweiser für unser Leben.

Wir haben dann den Mut und die Kraft uns unseren emotionalen Lernaufgaben zu stellen. So werden wir schrittweise auf den Weg der Liebe geführt, da wir emotional immer weiter wachsen und zur emotionalen Reife gelangen. Den Weg im Einklang mit dem höheren Selbst zu gehen ist wesentlich. So können wir die göttliche Liebe fühlen und sind stets verbunden mit der göttlichen Dimension.

Wir erhalten stets Zeichen von der geistigen Welt und werden auf unserer Erdenreise zu unseren wichtigen Aufgaben geführt. Wir sind offen, die Aufgaben zu erkennen und umzusetzen.

Wir bringen uns in Einklang mit der göttlichen Dimension und stellen unser Leben in den Dienst des großen Ganzen! Wir handeln nicht aus uns selbst heraus, sondern wir stellen uns als göttlicher Kanal zur Verfügung. Dadurch entsteht ein tiefer Zustand der Einheit und Verbundenheit mit allem was ist.

Meditation und Selbstheilung

Als ich den Weg des Herzens beschritten habe, wurde ich im Lauf der Zeit weiter zur Liebe geführt. Wenn wir das Ego in den Wegkreuzungen immer wieder loslassen und uns der göttlichen Führung anvertrauen, gelangen wir auf der Reise in die göttliche Einheit in einen meditativen Zustand, da wir eins mit der Quelle sind.

Wenn wir uns von der dritten in die fünfte Dimension weiter entwickeln, entsteht eine neue Bewusstseinsebene in uns, welche auch mit einem meditativen Zustand verglichen werden kann. Wenn wir jegliche Ebenen der Trennung hierbei aufgelöst haben, entsteht in uns der Zustand der Selbstheilung.

Ein Mensch, der im Alltagsbewusstsein der Dualität lebt, befindet sich im Beta-Zustand.

Wenn ein Mensch sich tiefer entspannt, gelangt er in den Alpha-Zustand, wo er mit der Intuition und seiner Seele eine bessere Verbindung spüren kann. Wenn wir in andere Bewusstseinsebenen, wie vergangene Leben eintauchen, wo wir tiefe Verstrickungen lösen können, gelangen wir hierbei in einen Theta- oder Delta-Zustand.

Wenn wir die Rollen sehen, die wir spielen, erhalten wir dadurch einen neuen Blick auf die materielle Form des Seins und in die Vielfalt des Lebens. Wenn wir uns "linkshirnig" zu lange auf der mentalen Ebene bewegen, sind wir im maximalen Zustand der Trennung.

Eine einfache Übung, welche beide unserer Gehirnhälften miteinander verbindet, damit wir in eine Form des Seins Zustandes hineingleiten können, ist das dynamische Trommeln mit einer Schamanentrommel.

Es hat den Vorteil, dass hier, ohne viel Aufwand, die beiden Gehirnhälften synchronisiert werden.

Beim Trommeln ist es wichtig, dass es laut, schnell und dynamisch durchgeführt wird. Nach circa 15 Minuten kann sich hier ein meditativer Zustand einstellen, in dem dann geführte Heilmeditationen durchgeführt werden können, die den Menschen im Herzen und in seiner Seele tiefer berühren und die Selbstheilung dadurch forciert wird.

Wenn wir nicht mehr in der mentalen Gedankenstruktur gefangen sind, erweitert sich die persönliche Wahrnehmung, wir können in eine tiefe Regeneration der Seele hineingleiten, unsere inneren Sinne werden aktiviert und der Zugang zum Unterbewusstsein wird möglich. So können mitunter unbewusste Verhaltensmuster und Fremdenergien wahrgenommen und losgelassen werden.

Selbstliebe heilt

Auf dem Weg zur wahren Selbstliebe, durchlaufen wir den Prozess von der Trennung zur göttlichen Einheit in uns, um der zu werden, der wir wahrhaftig in Gott sind. Das Mysterium der Selbstliebe in sich zum Leben zu erwecken, ist wesentlich, damit wir ganz bei uns selbst ankommen und von außen nichts mehr brauchen.
Die unendliche Fülle an Liebe erschließt sich uns, wenn wir emotional jeglichen Mangel in uns aufgelöst haben, den ganzen Energiefluss (Becken - Herz - Spirit) in uns aktiviert haben und die Verschmelzung von weiblichen und männlichen Anteilen in uns verinnerlicht haben.

So entsteht eine energiereiche Zirkulation in unserem Körper, wo wir selbst den Energiefluss in uns bewusst steuern können und aus uns selbst heraus genährt sind.

So entsteht ein kraftvolles Feld von Selbstbewusstsein, Souveränität und Schöpferkraft in uns, wodurch eine neue Wahrnehmung entsteht, wodurch wir das Leben leichter aus einer Metaebene wahrnehmen können und diverse Verstrickungen aus der dritten Dimension leichter loslassen können.

In der Entfaltung der Selbstliebe ist uns das wahre Selbst bewusst geworden, da wir in tiefen Schichten der Seele abgetaucht sind und unseren wahren göttlichen Kern zum Leben erweckt haben.

Durch diesen Entwicklungsprozess zur wahren Liebe unseres Selbst erhöht sich unsere Schwingung, und der Lichtkörper wird weiter aktiviert. Je durchlässiger unser Energiefeld in uns selbst spürbar wird, desto leichter können wir auch die Aktivierung der Merkaba in uns wahrnehmen. Hierbei tauchen wir in die persönliche Erfahrung der heiligen Geometrie ein, welche in uns angelegt ist.

Durch das hohe Energiefeld, welches wir in uns zum Leben erweckt haben, wird die Selbstheilung in den Zellen lebendig und der Alterungsprozess verzögert sich durch den hohen Licht-Quotienten.

Des Weiteren verbinden sich die Hirnanhangdrüse und die Zirbeldrüse. Man ist noch mehr auf das Herz ausgerichtet und die Sprache kann ebenfalls auf eine höhere Schwingung gelangen, da wir uns als Sprachrohr der göttlichen Quelle zur Verfügung stellen.

Die Kraft der Vergebung

Wenn wir uns in schwierigen Beziehungen in der Ursprungsfamilie oder in unseren Partnerschaften befinden, wo wir aufgrund starker Emotionen den Durchblick verloren haben und uns in der Opferrolle verstrickt haben, ist es wichtig, die Kraft der Vergebung anzuwenden.

Wie in anderen Kapiteln bereits angeführt, sind wir stets eingeladen, uns für die entsprechenden Wachstums-Geschenke in unseren zwischenmenschlichen Beziehungen zu öffnen und diese näher zu beleuchten. Denn jede Situation in unserem Leben möchte uns wachsen lassen auf jede erdenkliche Weise oder ist der karmische Ausgleich von Ursache und Wirkung, wo wir selbst die gleichen Erfahrungen machen dürfen, welche wir unseren Mitmenschen zu anderen Zeiten zugefügt haben oder mit Menschen zusammengeführt werden, mit denen wir in Resonanz sind, da wir noch einiges mit ihnen zu klären haben.

Somit hat jede Situation ihren ganz bestimmten Grund, warum sie zum jeweiligen Zeitpunkt in unser Leben tritt. Menschen, die alles kritisieren und die tieferen Zusammenhänge ihres eigenen Dramas nie hinterfragen, bleiben im Jammern und in der Opferrolle gefangen.
Wenn sie in der Opferrolle feststecken, sind sie für ihr Umfeld wie eine tickende Zeitbombe. Sie sind jederzeit bereit, ihre nicht verarbeiteten Emotionen auf andere zu projizieren.
Somit mutieren Opfer-Menschen oft zu wahren Machthabern in ihrer Umgebung, vergiften jegliche Beziehungen, da in ihnen der Krieg wie ein wildes Ungeheuer tobt und sie sich ihrer destruktiven Energien regelmäßig entledigen müssen, um nicht im Morast ihrer Emotionen zu ersticken. Sie regulieren sich gewissermaßen über die Außenwelt, da die innere Reflexion noch nicht umfangreich gediehen ist.

Durch die Opferrolle, wo Zusammenhänge noch nicht verstanden wurden und sich der Mensch im inneren Widerstand befindet, haben sich im Laufe der Zeit starke Aggressionen aufgestaut, wo jeder kleine Konflikt dazu genützt wird, aus einer Mücke einen Elefanten zu machen, um so wie bei einem Druckkochtopf, endlich wieder mal Dampf ablassen zu können.

Die Einladung wäre hier, jegliche Projektionen und Kampfmechanismen in sich zu erkennen und sich selbst zu vergeben, damit man die Reise zu sich selbst antreten kann. So darf sich der Mensch zuerst seine eigene Unvollkommenheit selbst vergeben.
Vergebung ist ein erster wichtiger Schritt in Richtung Frieden und Versöhnung mit dem eigenen Schicksal.

Wenn wir die Verantwortung für unser Leben übernehmen und die geistigen Gesetze, wie etwa Ursache und Wirkung, besser verstehen, können wir hinter die Kulissen des Lebens blicken, uns ehrlich reflektieren und schrittweise weitergehen.

Weiterführende Youtube-Videos auf „Martineum by Herzenstüröffnerin" Playlist „Martineum Wohlfühloase"

Link zum Vergebungsmantra:

https://www.youtube.com/watch?v=cPF49JthmbM&list=PLYQG9YgjXhLQU2bYsTMtoUInnkE_7BlZY&index=34

Link zur Energetischen Reinigung:

https://www.youtube.com/watch?v=3K3yPcwCDLU&list=PLYQG9YgjXhLQU2bYsTMtoUInnkE_7BlZY&index=35

Link von der alten zur neuen Liebeskultur:

https://www.youtube.com/watch?v=JLPcoueersE&list=PLYQG9YgjXhLQU2bYsTMtoUInnkE_7BlZY&index=66

Abschließende Worte

Diese Reise zur Liebe anzutreten, war die schwierigste, mutigste und zugleich wertvollste Disziplin, die ich mir für dieses Leben aussuchen konnte.

Der Seelenpartner-Prozess in Kombination war die entsprechende Meisterprüfung dazu!
Das Geschenk der kosmischen Einheit, welche zwischen Seelenpartner pulsiert, war für mich stets eine Gnade, diesen großartigen Menschen „als Wegweiser" hier auf Erden zu begegnen.
Tiefe Liebe zu empfinden ist das größte Geschenk, welche der größte Motor für unsere eigene Entwicklung ist.
Und ein wahrhaftig liebender Mensch zu werden ist unsere wahre Bestimmung hier auf Gottes Erdboden!

Bei meinem Seelenpartner Joshua hätten sogar einige Menschen in seinem Umfeld den Weg für uns frei gemacht, obwohl sie mich noch gar nicht persönlich gekannt haben, was eine zutiefst berührende Erfahrung für mich war.
Ihre Seelen haben einen so starken Mehrwert in unserer Verbindung für die ganze Gesellschaft wahrgenommen, dass sie aus bedingungsloser Liebe losgelassen haben. Somit hatte Joshua von seinem Vater das größte Geschenk seines Lebens erhalten und konnte es nicht optimal für sich nützen.

Unser Freund Jesus sagte: „Siehe ich mache alles neu"!
Dieses „Neue" durfte somit über viele Jahre in mir wachsen und reifen, sodass es nun den Menschen in unserer Gesellschaft, zusammengefasst in dem Konzept MARTINEUM, zur Verfügung steht.
Wir sind aufgefordert und eingeladen, mit der Zeit zu gehen. Die Evolution fordert den entsprechenden Fortschritt von uns ein und dem dürfen wir Folge leisten und die richtigen Schritte setzen.

So habe ich über die Jahre viele Ausbildungen absolviert und umfangreiche Prozesse der Herzöffnung, Selbstheilung und Selbstliebe durchlaufen.

Da mir die Reise zur wahren Liebe alles abverlangte, wurde ich durch den schmerzhaften Loslass-Prozess von meinem damaligen Seelenpartner von der geistigen Welt aufgefordert, meine Berufung weiter zu entfalten, wodurch sich mein Wissen erweiterte und ich die Menschen dadurch noch umfangreicher unterstützen konnte.
Ich durfte damals die Menschen zum „Neuen Frau Sein – Neuen Mann Sein" begleiten. Denn nur eine gesunde Balance im Inneren schafft eine gute Harmonie im Außen.

Abschließend darf ich nochmal kurz darauf hinweisen, wie wesentlich es ist, dass wir in unserer ganzheitlichen Entwicklung eins mit Gott werden.
Diese Einheit erreichen wir, indem wir die Herzöffnung und Selbstliebe aktivieren und uns für unsere wahre Berufung öffnen.
So erfüllen wir die wichtigsten zwei Gebote, welche uns Jesus mitgeteilt hat.

Ein echter Christ ist in seinem Herzen verankert und hat Gott / Jesus an die erste Stelle in seinem Leben gesetzt.
Denn nur wenn wir Jesus nachfolgen und seinen Willen erfüllen, sind wir seine „Jünger". Wenn wir in der Komfortzone unseres Ego-Verstandes verharren und ihm nicht nachfolgen und nicht den Auftrag erfüllen, den er uns leise zuflüstert, dann hat unser Glaube kein solides Fundament, wir erfahren nicht das höchste Wachstum, welches Gott uns schenken möchte und unser Leben ist letztlich mehr Schein als wahres Sein.
Jesus prüft uns, ob wir uns ihm anvertrauen.

Dazu sendet er uns verschiedene Herausforderungen, durch die wir hindurch gehen dürfen. So gelangen wir zu einer wertvollen menschlichen und seelischen Reife mit umfangreichem Tiefgang!
Sie sind quasi ein geistig – emotionales „Fitnesstraining" für unser ganzheitliches Wachstum hier auf der Erde.

Wenn wir uns als Kinder Gottes erlauben, die Selbstliebe in unserem
göttlichen Tempel natürlich und unschuldig in jeder Zelle zu fühlen, können
wir die Einheit mit Gott wahrnehmen.
Denn Gott ist Liebe und wir selbst werden dann immer mehr zur Liebe.
Dieses Mysterium dürfen wir immer tiefer entschlüsseln und verinnerlichen,
damit sich jegliche menschliche Dramen, Konflikte und
Trennungsprogramme nachhaltig auflösen können.

So erlangen wir immer mehr Bewusstsein über unser wahres ewiges Sein
und fühlen natürlich und unschuldig die wahre Essenz des
Christusbewusstseins.
In diesem Zustand wird es am Ende des Lebens ein Leichtes sein, in die
Herrlichkeit der Ewigkeit einzutreten.

Da unser Vater vor einem Jahr ins Licht gegangen ist und ich bereits einige
Gespräche mit ihm führen konnte, bestätigte er mir, dass wir in der Ewigkeit
wieder „zur Liebe werden"!
Im ersten Gespräch erwähnte er, dass er so stolz auf mich wäre und mir so
dankbar ist, dass ich in unserer Familie das höchste Potenzial entfaltet habe.
Ich war überrascht, tief berührt und den Tränen nahe.
Er konnte mich nun endlich wirklich sehen, wer ich wahrhaftig in meiner
wahren Berufung und meinem wahren Selbst in diesem Leben bin.
Es ist also nie zu spät, die wirklich wichtigen Geschenke des Lebens zu
erhalten.
Wenn wir unser ganzheitliches Potenzial entfalten, werden wir zum Segen für
die ganze Ahnenreihe.
Des öfteren wollte ich unserem Vater zu Lebzeiten diverse
Entwicklungsschritte und Zusammenhänge mitteilen, doch weil er geistig
nicht mehr so aufnahmefähig war und viele innere Widerstände hatte,
konnten wir die wirklich wichtigen Themen und zwischenmenschlichen
Aspekte unserer Familie erst nach seinem Eintritt in die feinstoffliche Welt
besprechen.
Auch tat es ihm leid, dass er sein Leben großteils auf der Verstandesebene

gelebt hatte und im „alten männlichen Rollenbild" gefangen war.
Des weiteren hat er sich bedankt, dass ich ihm immer freundlich und mit
offenem Herzen begegnete. Auch da konnte ich ihm mitteilen, dass ich
bereits vor über 20 Jahren das Karma mit ihm aufgelöst hatte und dadurch
die bedingungslose Liebe ihm gegenüber wieder fließen konnte.

Es ist also wertvoll, bereits im Leben diese Entwicklungsstufe in
„Fahrtrichtung Liebe" in uns zum Leben zu erwecken! Je mehr wir als
Mensch hier erledigen und umsetzen, desto leichter und schöner ist der
Übergang in die feinstoffliche Welt, den ewigen Himmel.

Unser Vater sagte auch noch, dass es ihm rückblickend leid tut, dass er erst
in den letzten zwanzig Jahren seines Lebens den Weg zum Glauben und
zum Gebet gefunden hat.
Der Grund dafür war damals, dass unsere Schwester Maria Hildegard die
Berufung als Ordensschwester (Oase des Friedens in Italien) in sich
wahrnahm und wir emotional herausgefordert waren, sie loszulassen, was
damals sehr bewegend für die ganze Familie war.
Doch auch ihr Weg wurde zum Segen für die ganze Familie, kann man heute
rückblickend sagen!
Interessanterweise hat sich das Blatt für unsere Schwester Maria kürzlich
gewendet, da sie nach vielen Jahren ihr Klosterleben in Italien, gegen ein
Klosterleben im schönen Salzburger Land quasi eintauschen konnte.
Denn in einem Kloster im Pinzgau gab es keinen Nachwuchs, deswegen
dürfen nun einige Brüder und Schwestern des Marien-Ordens, einem
wunderbaren Wallfahrtsort neues Leben einhauchen.
So ist es für uns alle eine große Freude, unsere Schwester wieder in unserer
Nähe zu wissen!
Unser Vater hätte sich also gewünscht, die Spiritualität schon viel früher ins
Leben zu integrieren. Denn echte Spiritualität ist unser wahres ewiges Sein,
welche uns nach dem „relativ kurzem Aufenthalt auf der Erde" langfristig
wieder erwartet.

Unsere Verkörperung als Mensch ist dadurch eine so wertvolle Chance und Gelegenheit für uns, alles zu tun, um unsere höchste Entwicklungsstufe in Richtung Herzöffnung, Selbstliebe, Wahre Berufung, Wahre Liebe und Wahres Selbst zu realisieren und unser Leben so bewusst und sinnvoll als möglich, zu gestalten.

Wenn ich so zurück denke;
Ein Leben als Klosterschwester hätte sich damals, als ich fünfzehn Jahre war, die liebe Schwester Rosa auch für mich gut vorstellen können, als sie mich in der Klosterschule Erla, einige Male zu einem persönlichen Gespräch bezüglich „meiner wahren Berufung" einlud. Sie ist eine wunderbare Herzensfrau und eine großartige Seele!
Ich sagte zu ihr, dass ich im Kloster ja „eingesperrt" wäre und nichts für die Menschen wirklich tun könnte.
Ich sollte doch bei den Menschen draußen sein, damit ich etwas bewirken könne.
Da mich diese Thematik noch viele Jahre immer wieder mal beschäftigte, spürte ich als erwachsene Frau in meiner Seele, dass ich das klösterliche Leben bereits kannte und in diesem Leben etwas Neues auf mich warten würde. Als sozial veranlagter Mensch habe ich zu Gott gesagt, er möge mich dorthin führen, wo ich etwas Sinnvolles und Wertvolles für die Menschen tun kann. So war ich mehr als überrascht, welche Dynamik sich im Lauf der Zeit einstellte. Je mehr Weiterbildungen ich absolvierte und je mehr Zusammenhänge ich verinnerlichte, desto besser konnte ich die Weisheit und die verschiedenen Schätze daraus bergen.

Somit ist es fakten – und evidenzbasiert, dass eine Lebensausrichtung auf die göttliche Führung, nachhaltig, lösungsorientiert, wertvoll und sinnvoll für das eigene Leben in Beruf, Liebe und der gesamten Gesellschaft ist.
Denn Gott ist die wahre Fülle und diese ganzheitliche Fülle steht nun in dem KONZEPT MARTINEUM der ganzen Gesellschaft zur Verfügung!

In den Projekt-Unterlagen „Starke Frauen-Starkes Land – Frauenleben 2030" findest du einen umfangreichen Einblick, wie das Konzept MARTINEUM den Menschen hilft, wie vielfältig der Nutzen ist, wie umfangreich die Zielgruppe ist, welchen Mehrwert es für dich beinhaltet, wenn du dich für deine Potenzialentfaltung öffnest, wie sich die Entwicklung auf die Partnerschaft auswirkt, wie sich Frauen im Verein Engel der Herzen ein berufliches Standbein aufbauen können und vieles mehr!

https://engel-der-herzen.com/wp-content/uploads/2022/09/26_8_StarkeFrauen_StarkesLand_Frauenleben_2030.pdf

Diese Unterlagen sind auch auf der Website von MARTINEUM verlinkt.

Wie du aus meiner persönlichen Geschichte erfahren hast, durfte ich durch meine „göttliche Hingabe an meine wahre Berufung" und indem ich viele Menschen liebevoll im Arm gehalten habe, die Herzöffnung, Selbstliebe und Selbstheilung auch selbst umfangreich erfahren. Denn alles, was wir geben, kehrt wieder zu uns zurück. Geben und Nehmen sind eins.

Deswegen Mensch wähle weise, für welchen Beruf und welche Aufgabe du deine wertvolle Lebensenergie einsetzt. Stellen sich im Lauf der Zeit ganzheitliche Erfüllung und reiche Erfahrungsschätze ein oder machst du einen Job, der dich nicht erfüllt, wo du kein ganzheitliches Wachstum erfährst, einen Job, der dich nervt, belastet oder langweilt, nur um nicht aufzufallen, mit der Masse mit zu schwimmen oder ein braver, angepasster Mensch zu sein, welcher der Norm entspricht?

Es wäre zu schade, wenn du dein Potenzial brach und ungenutzt liegen lässt und aus Angst vor Veränderung in der Stagnation deiner Komfortzone sitzen bleibst.
Jegliche Schatten lassen sich auflösen, wenn man mutig und beherzt die ersten Schritte geht.
Der Weg entsteht im Gehen.

Gerne bin ich als deine HERZENSTÜRÖFFNERIN für dich da und reiche dir die Hand!

Wenn du deine Transformation zu deinem höchsten Potenzial starten möchtest, beginnt der erste Schritt mit einem 3-Monatscoaching zur Herzöffnung und Selbstliebe.

Der zweite Schritt ist, dass ich deine spirituelle Begleiterin zur wahren Berufung bin! Was möchte durch dich in die Welt kommen?

Die Voraussetzung dafür ist, dass du emotional stabil bist, damit du dich als „göttlicher Kanal" zur Verfügung stellen kannst und jegliche Zwänge loslassen kannst, den Menschen zu gefallen. Wesentlich ist, dass du Gott gefällst, indem du den wertvollen Dienst deinen Mitmenschen zugänglich machst, das zu tun, warum du nun hier bist.

Falls es deine Berufung ist, deine Mitmenschen ebenfalls zur Herzöffnung und Selbstliebe zu begleiten, dann bilde ich dich aus und gebe dir mein Wissen der vergangenen 25 Jahre weiter.

Die weiteren Schritte sind in der Folge, dass ich dich zur WAHREN LIEBE und zum WAHREN SELBST begleite.

Gerne halte ich auch Vorträge, um vielen Menschen die umfangreichen „Schätze von Martineum" näher bringen zu können.

Einen Einblick zu einem Vortrag erhältst du in meinem Youtube-Kanal „Martineum – by Herzenstüröffnerin" in der Playlist „Martineum Wohlfühloase"

https://www.youtube.com/watch?v=YUmg4JFAGps&list=PLYQG9YgjXhLQU2bYsTMtoUInnkE_7BIZY

In der Playlist „Ich über mich" werden auch noch weitere Videos aus meinem Leben erscheinen.

Abschließend verlinke ich dir hier noch zwei kleine Orgel-Impressionen, die ich kürzlich aufgenommen habe.

Die erste Begegnung mit der Orgel in unserem Heimatort Steinbach/Steyr hatte ich im Jahr 2004. Als ich mich damals zur Orgel-Bank setzte, mit den

Füßen die kraftvollen Basstöne anklingen ließ und gleich darauf losspielte,
war es Gefühl von „zuhause sein", so vertraut war mir dieser Ort.
Orgel-Impression: Herr deine Liebe ist wie Gras und Ufer
https://www.youtube.com/watch?v=c4MZ8Ceb-CU

Orgel-Impression: Großer Gott wir loben dich
https://www.youtube.com/watch?v=y3i0GXNCODs

Möge dich nun der göttliche Segen durchströmen und durchfluten, damit du
dich bedingungslos geliebt und gesegnet fühlst und dich für dein
wahrhaftiges Potenzial in dieser bewegten Zeit des Wandels öffnen kannst.
Du bist wertvoll. Du bist einzigartig. Du bist liebenswert.

DEINE HERZENSTÜRÖFFNERIN MARTINA

Kontakt

NAME: Martina von MARTINEUM
Adresse: 4522 Sierning – Austria

Web: https://www.martineum.at/
Mail: info@martineum.at

Youtube: Martineum – by Herzenstüröffnerin
https://www.youtube.com/@martineum888

Klicke dann auf die **Playlist der Martineum-Wohlfühloase!**
Dort erhältst du umfangreichen kostenfreien Content und kannst gleich
mit deiner Transformation starten!

LINK zur Playlist:
https://www.youtube.com/watch?
v=YUmg4JFAGps&list=PLYQG9YgjXhLQU2bYsTMtoUlnnkE_7BlZY

Vereins-Seite: https://engel-der-herzen.com/

Projekt-Unterlagen „Starke Frauen – Starkes Land – Frauenleben 2030
Vision/Mission: https://engel-der-herzen.com/vision-mission

Whatsapp: Tel: 0043 (0) 650 6563 123
Wenn du ein kostenfreies, unverbindliches Erstgespräch vereinbaren
möchtest, kontaktiere mich per Whatsapp!

Wenn du in deiner Gemeinde / Verein / Organisation / Firma einen Vortrag
organisieren möchtest, freue ich mich auch über deine Kontaktaufnahme!

Raum für persönliche Notizen und Erkenntnisse: